# THÉATRES FRANÇAIS.

## OEUVRES

### DE

# REGNARD.

## TOME 4.

PARIS,

CHEZ MARTIAL ARDANT FRERES, EDITEURS,
rue Hautefeuille, 14.

LIMOGES,
A LA MEME LIBRAIRIE.

# THÉÂTRES FRANÇAIS.

---·•·---

## OEUVRES

### DE

# REGNARD.

—

## TOME 4.

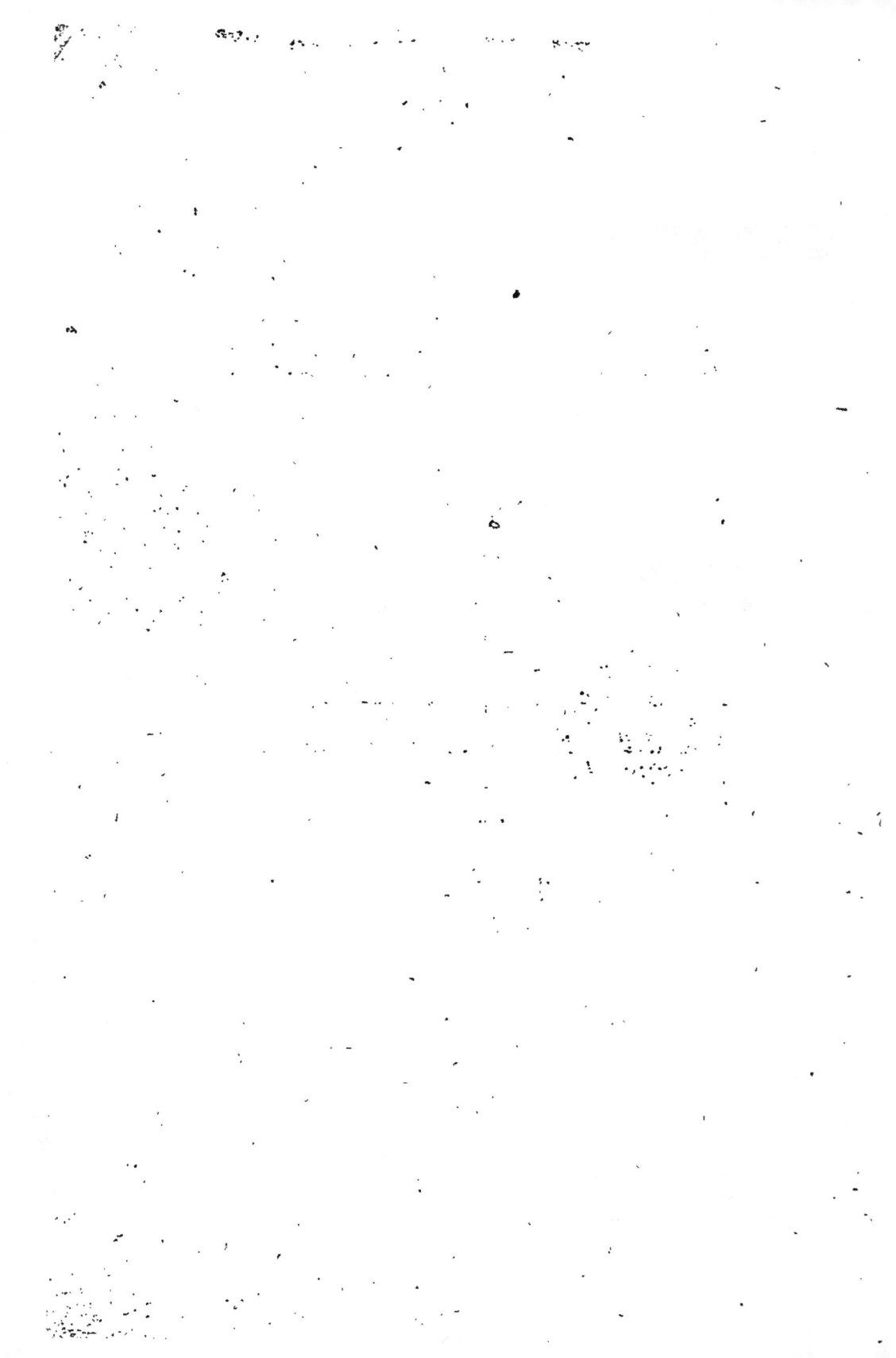

# THÉATRES FRANÇAIS.

## OEUVRES

### DE

# REGNARD.

TOME 4.

PARIS,

CHEZ MARTIAL ARDANT FRERES, ÉDITEURS,
Rue Hautefeuille, 14.

LIMOGES;
A LA MEME LIBRAIRIE.

—

1847.

# ATTENDEZ-MOI
# SOUS L'ORME,

## COMÉDIE

### EN UN ACTE ET EN PROSE,

AVEC UN DIVERTISSEMENT.

1694.

# PERSONNAGES.

DORANTE, officier réformé, revenant de sa garnison, qui devient amoureux d'Agathe.

AGATHE, fille d'un fermier, amoureuse de Dorante.

PASQUIN, valet de Dorante.

LISETTE, amie d'Agathe.

COLIN, jeune fermier, accordé avec Agathe

NANETTE, Bergère.

NICAISE, berger.

PLUSIEURS BERGERS ET BERGÈRES, qui étoient priés pour la noce de Colin et d'Agathe.

La scène est dans un village du Poitou, sous l'orme

# ATTENDEZ-MOI SOUS L'ORME,
## COMÉDIE.

<hr />

## SCÈNE I.

### DORANTE, PASQUIN.

**PASQUIN.**

Pour m'expliquer en termes plus clairs ; j'ai avancé la dépense du voyage depuis notre garnison jusqu'à ce village-ci ; nous y avons déjà séjourné quinze jours sur mes crochets ; je vous prie que nous comptions ensemble : et je vous demande mon congé.

**DORANTE.**

Oh ! palsembleu, tu prends bien ton temps !

**PASQUIN.**

Eh ! puis-je le mieux prendre, monsieur ? Vous venez d'être réformé, il faut bien que vous réformiez votre train.

**DORANTE.**

Pasquin, quitter le service d'un officier, c'est se brouiller avec la fortune.

PASQUIN.

Ma foi, monsieur, je me suis brouillé avec elle
dès le jour que je suis entré chez vous : mais,
Dieu merci, je suis au-dessus de la fortune; je
veux me retirer du monde.

DORANTE.

Le fat ! ô le fat !

PASQUIN.

Oui, monsieur, j'ai fait depuis peu des réflexions morales sur la vanité des plaisirs mon-
dains : je suis las d'être bien battu et mal nourri; je
suis las de passer la nuit à la porte d'un lansquenet, et le jour à vous détourner des grisettes; je
suis las enfin d'avoir de la condescendance pour
vos débauches, et de m'enivrer au buffet, pendant
que vous vous enivrez à table. Il faut faire une
fin, monsieur. Je vais me rendre mari d'une certaine Lisette, qui est le bel esprit de ce village-ci.
Les plus jolies filles de Poitou la consultent
comme un oracle, parcequ'elle a fait ses études
sous une coquette de Paris : c'est là où elle est devenue amoureuse de moi.

DORANTE.

Eh ! je n'ai pas encore trouvé en mon chemin
cette Lisette si aimable; j'en sais mauvais gré à
mon étoile.

PASQUIN.

Ce n'est pas votre étoile, monsieur, c'est moi
qui ai pris soin de vous cacher Lisette; je l'ai
trouvée trop jolie pour vous la faire connoître.

Mais cette digression vous fait oublier qu'il s'agit entre vous et moi d'une petite règle d'arithmétique. Il y a huit ans que je vous sers ; à vingt-cinq écus de gages, somme totale, six cents livres : sur quoi j'ai reçu quelques coups de canne et quelques coups de pieds au cul ; partant reste toujours six cents livres, que je vous prie de me donner présentement.

DORANTE, *d'un ton de colère.*

Quoi ! j'ai eu la patience de garder huit ans un coquin comme toi !

PASQUIN.

Tout autant, monsieur.

DORANTE.

Un maraud !

PASQUIN.

Oui, monsieur.

DORANTE.

Huit ans un valet à pendre !

PASQUIN.

Ah !

DORANTE.

A noyer, à écraser !

PASQUIN.

Il y a du malheur à mon affaire. Vous avez été jusqu'à présent très content de mon service, et vous cessez de l'être dans le moment que je vous demande mes gages.

DORANTE, *se radoucissant.*

Pasquin, ce n'est pas d'aujourd'hui que je suis

1

la dupe de ma bonté. Va, mon cher, je veux bien
encore ne te point chasser de chez moi.

PASQUIN.

Vraiment, monsieur, ce n'est pas vous qui me
chassez; c'est moi qui vous demande mon congé,
et les six cents livres.

DORANTE.

Non, mon cœur, tu ne me quitteras point. Tu
ne sais ce qu'il te faut. La vie champêtre ne convient point à un intrigant, à un fourbe.

PASQUIN.

Je sais bien que j'ai tous les talents pour faire
fortune à la ville; mais je borne mon ambition à
Lisette, à qui j'apporte en mariage les six cents
livres dont je vais vous donner quittance.

( *Il tire de sa poche un papier.* )

DORANTE, *lui arrêtant la main.*

Peste soit du faquin ! tu n'as que tes affaires en
tête; parlons un peu des miennes. J'épouse demain
la petite fermière Agathe. J'ai si bien fait par
mon manège, que le père est à présent aussi amoureux de moi que sa fille. Elle a dix mille écus,
Pasquin.

PASQUIN.

Vous n'avez que vos affaires en tête; reparlons
un peu des miennes.

DORANTE.

Agathe m'attend chez elle à quatre heures; et,
avant que d'y aller, j'ai à régler certaines choses
avec le notaire.

# SCÈNE I.

PASQUIN.

Monsieur, il n'y a que deux mots à mon affaire.

DORANTE.

Le notaire m'attend, Pasquin.

PASQUIN.

Mon congé, et mes gages.

DORANTE.

Oh ! puisque tu veux absolument que nous sortions d'affaires ensemble...

PASQUIN

Si ce n'étoit pas pour une occasion aussi pressante...

DORANTE.

Il faut faire un effort...

PASQUIN.

Je ne vous importunerois pas.

DORANTE.

Quelque peine que cela me fasse...

PASQUIN.

Voici la quittance.

DORANTE, prenant la quittance et embrassant Pasquin.

Va, je te donne ton congé.

PASQUIN.

Et mes gages, monsieur ?

DORANTE.

Tu m'attendris, Pasquin ; je ne veux pas te voir davantage.

# SCÈNE II.

## PASQUIN.

Le scélérat ! Je n'ai plus rien à ménager avec cet homme-là. Lisette me sollicite de rompre son mariage avec Agathe. Allons voir ce qui en sera.

# SCÈNE III.

## PASQUIN, LISETTE.

### PASQUIN.

Ah ! te voilà !

### LISETTE.

Il y a une heure que je te cherche. Es-tu d'accord avec ton maître ?

### PASQUIN.

Peu s'en faut. Il ne s'agissoit entre lui et moi que de deux articles. Je lui demandois mon congé et mes gages ; il a partagé le différent par moitié ; il m'a donné mon congé, et me retient mes gages

### LISETTE.

Et tu gardes des mesures avec cet homme-là ? Te feras-tu encore tirer l'oreille pour m'aider à rompre son mariage en faveur de mon pauvre frère Colin à qui Agathe étoit promise ? Il ne tient qu'à toi de rendre la joie à tout le village. Ce n'étoient que fêtes, danses, et chansons, préparées pour les noces de Colin et d'Agathe ; et, depuis que ton officier réformé est venu nous enlever le cœur de

cette jolie fermière, toute notre galanterie poitevine est en deuil.

PASQUIN.

Je ne manque pas de bonne volonté; mais je
considère...

LISETTE.

Et moi, je ne considère plus rien. Je suis bien
sotte de prier, quand j'ai droit de commander.
Colin est mon frère; et, s'il n'épouse point Agathe
par ton moyen, Lisette n'épousera point Pasquin.

PASQUIN.

Ouais ! tu me mets le marché bien librement à
la main !

LISETTE.

C'est que je ne suis pas comme la plupart de
celles qui font de pareils marchés. Je ne t'ai point
donné d'arrhes; et je romprai, si...

PASQUIN.

Doucement. Çà, que faut-il donc faire pour ce
petit frère Colin ? As-tu pris des mesures avec lui?

LISETTE.

Des mesures avec Colin ? Bon ! c'est un jeune
amant à la franquette, qui n'est capable que de se
trémousser à contre-temps. Il va, il vient, il pié-
tine, peste contre son infidèle, et a toujours quelque raisonnement d'enfant qu'il veut qu'on écoute;
enfin, c'est un petit obstiné que j'ai été contrainte
d'enfermer afin qu'il me laissât travailler en paix
à ses affaires. Je crois que le voilà encore.

# SCÈNE IV.

## COLIN, LISETTE, PASQUIN.

LISETTE, *à Colin.*

Quoi ! petit lutin, tu seras toujours sur mes talons ?

COLIN, *à Lisette.*

J'ai sauté par la fenêtre de la salle où tu m'avois enfermé pour te venir dire que tout ce tripotage de veuve que tu veux faire pour attraper ce Dorante, par-ci, par-là ; tant y a que tout ça ne vaut rian.

LISETTE.

Mort de ma vie ! si tu...

PASQUIN.

Laissez opiner Colin ; il me paroît homme de tête.

COLIN.

Assurément. J'ai trouvé un secret pour qu'Agathe m'aime, et j'ai commencé à imaginer...

LISETTE.

Et va-t'en achever d'imaginer ; laisse-moi exécuter.

COLIN.

Oh ! y faut que ce soit moi qui...

LISETTE.

Oh ! ce ne sera pas toi qui...

COLIN.

Je te dis que..

**LISETTE.**

Je te dis que tu te taises.

**COLIN.**

Oh ! c'est moi qui sis l'amoureux ; une fois, je veux parler tout mon soûl.

**LISETTE.**

Oh ! le petit lutin d'amoureux !

**COLIN.**

Tenez, si Pasquin me dit que je n'ai pas pus d'esprit que toi pour ce qui est d'Agathe, je veux bien m'en retourner dans la salle.

**LISETTE.**

Écoutons à cette condition.

**COLIN.**

C'est que j'ai une ruse pour faire venir Agathe dans un endroit où je vous cacherai tous deux.

**PASQUIN.**

Fort bien !

**COLIN.**

Et pis, quand a sera là, je li dirai : Ça, gnia personne qui nous écoute : n'est-y pas vrai, Agathe, qu'ou m'avez dit cent fois qu'ou m'aimiez ? A dira : Oui, Colin ; car ça est vrai. N'est-y pas vrai, li redirai-je, que, quand vous me dîtes ça, je dis, moi, que les paroles étoient belles et bonnes, mais que ça ne tient guère, à moins qui n'y ait quelque chose là qui signifie qu'ou n'oseriez pus prendre d'autre mari que moi ? Agathe dira : Oui, Colin. N'est-y pas vrai, ce li ferai-je encore, qu'un certain jour que l'épingle de votre collet étoit

défaite je le soulevis tout doucement, tout doucement....

LISETTE.

Oh! va donc plus vite; j'aime l'expédition.

PASQUIN.

Le récit promet beaucoup au moins. Et nous serons cachés pour entendre tout cela?

COLIN.

Assurément. Je ne barguignerai point à li faire
tout dire, car, si a m'épouse, l'épousaille couvre
tout; et, sinon, je sis bien aise qu'on sache que la
récolte appartient à sti qui a défriché la terre. Oh!
donc je dirai à Agathe : N'est-y pas vrai, quand
j'eus entr'ouvart votre collet, que je pris dessous
un papier dans votre sein, et que sur ce papier
vous m'aviez fagoté en lacs d'amour votre nom
parmi le mien, pour montrer ce que je devions
être l'un à l'autre?

PASQUIN.

Et a dira : Oui, Colin.

COLIN.

Oh! a dira peut-être que c'est qu'a dormoit;
mais je sais bien qu'a ne faisoit que semblant; car
1 se réveillit tout juste quand...

LISETTE.

Eh bien, enfin! quand elle aura tout dit...

COLIN.

Vous sortirez tous deux de votre caché, et vous
li direz : Agathe, il faut qu'où vous mariez rien
u'avec Colin tout seul, où nous allons dire par-

tout qu'où aimez deux hommes à la fois. Oh ! a ne voudra pas.

LISETTE.

O que si, a voudra. Les femmes en font gloire.

COLIN.

Faire gloire d'aimer un autre que sti avec qui on se marie ! Non, gnia point de femme comme ça dans tout le monde.

PASQUIN.

Colin n'a pas voyagé. Çà, je juge que M. Colin imagine mieux que nous, mais nous exécuterons mieux que Colin. Partant, condamné à retourner dans la salle jusqu'à ce que nous ayons besoin de lui.

COLIN.

Oh ! ne vlà-t-il pas qu'il dit comme Lisette, à cause que... Hé ! là, là.

LISETTE.

Oh ! va donc ; ou je ne me mêle plus de tes affaires.

COLIN.

J'y vais, mais j'enrage.

# SCÈNE V.

## LISETTE, PASQUIN.

LISETTE.

On ! nous voilà délivrés de lui. Çà, il s'agit de guérir Agathe de l'entêtement où elle est pour ton maître.

PASQUIN.

Hon ! quand l'amour s'est une fois emparé d'un cœur aussi simple que celui d'Agathe, il est difficile de l'en chasser ; il se trouve mieux logé là que chez une coquette.

LISETTE.

J'avoue que les grands airs de ton maître ont saisi la superficie de son imagination ; mais le fond du cœur est encore pour Colin. Finissons. Il faut empêcher Agathe de sortir de chez elle ; afin qu'elle ne vienne point rompre les mesures que nous avons prises. Comment nous y prendrons-nous ?

PASQUIN.

Hon ! attendez. Nous lui avons fait venir des habits de Paris. Si j'allois lui dire que mon maître veut qu'elle les mette... La coiffure seule suffit pour amuser une femme toute la journée.

LISETTE.

La voici qui vient : songe à la renvoyer chez elle.

# SCÈNE VI.

## AGATHE, LISETTE, PASQUIN.

AGATHE.

Où est donc ton maître, Pasquin ? Il y a deux heures que je l'attends chez moi.

PASQUIN.

Vous vous trompez, madame ; mon maître est trop amoureux pour vous faire attendre.

LISETTE, à *Agathe*.

Je vous avois bien dit que ses empressements
ne dureroient pas.

AGATHE.

Oh ! c'est tout le contraire, Lisette. Dorante
doit être aujourd'hui amoureux de moi à la folie ;
car il m'a promis que son amour augmenteroit
tous les jours, et il m'aimoit déjà bien hier.

LISETTE.

En une nuit il arrive de grandes révolutions
dans le cœur d'un François.

PASQUIN.

Oui ; sur la fin de ce siècle-ci, les amants et les
saisons se sont bien déréglés ; le chaud et le froid
n'y dominent plus que par caprice.

LISETTE.

Oh ! en Poitou nous avons une règle certaine,
c'est que le jour des noces le thermomètre de la
tendresse est à son plus haut degré ; mais le lendemain il descend bien bas.

AGATHE.

Vous voulez me persuader tous deux que Dorante sera inconstant ; mais il faudroit que je fusse
folle pour craindre qu'il change. Quoi ! quand
Colin me disoit tout simplement qu'il me seroit
fidèle, je le croyois ; et je ne croirois pas Dorante,
qui est un gentilhomme, et qui fait des serments
horribles qu'il m'aimera toujours ?

PASQUIN.

En amour les serments d'un courtisan ne prouvent rien ; c'est le langage du pays.

LISETTE, à *Agathe.*

Si vous vouliez m'écouter une fois en votre vie, je vous ferois voir que Dorante...

AGATHE.

Parlons d'autre chose, Lisette.

PASQUIN, à *Lisette.*

Elle a raison. (à *Agathe.*) Parlons des beaux habits que mon maître vous a fait venir.

AGATHE.

Ah! Pasquin, j'en suis charmée

PASQUIN.

A propos, mon maître vouloit vous voir aujourd'hui parée.

AGATHE.

Je voudrois bien l'être aussi ; mais je ne sais pas lequel je dois mettre des deux habits. Dis-moi, Pasquin, lequel aimera-t-il mieux de l'innocente ou de la gourdandine ? *

PASQUIN.

La gourgandine a toujours été du goût de mon maître.

AGATHE.

Il faut que les femmes de Paris aient bien de l'esprit pour inventer de si jolis noms.

---

* Deux noms d'habits à la mode en 1694.

PASQUIN.

Malepeste! leur imagination travaille beaucoup.
Elles n'inventent point de modes qui ne servent
à cacher quelque défaut. Falbala par haut pour
celles qui n'ont point de hanches; celles qui en
ont trop le portent plus bas. Le cou long et les
gorges creuses ont donné lieu à la steinkerke, et
ainsi du reste.

AGATHE.

Ce qui m'embarrasse le plus, c'est la coiffure.
Je ne pourrai jamais venir à bout d'arranger tant
de machines sur ma tête; il n'y a pas de place pour
en mettre seulement la moitié.

PASQUIN.

Oh! quand il s'agit de placer des fadaises, la
tête d'une femme a plus d'étendue qu'on ne pense.
Mais vous me faites souvenir que j'ai ici le livre
instructif que la coiffeuse a envoyé de Paris. Il
s'intitule :

« Les Éléments de la Toilette, ou le Système
harmonique de la Coiffure d'une femme. »

AGATHE.

Ah! que ce livre doit être joli!

PASQUIN, *tirant un livre de sa poche.*

Voici le second tome. Pour le premier, il ne
contient qu'une table alphabétique des principales
pièces qui entrent dans la composition d'une commode : comme

« La duchesse, le solitaire,

« La fontange, le chou,

« Le tête-à-tête, la culbute,
« Le mousquetaire, le croissant,
« Le firmament, le dixième ciel,
« La palissade, et la souris. »

AGATHE.

Ah! Pasquin, cherche-moi l'endroit où le livre
dit que se met la souris. J'ai un nœud de ruban
qui s'appelle comme cela.

PASQUIN.

C'est ici quelque part; attendez...
« Coiffure pour raccourcir le visage. »
Ce n'est pas cela.
« Petits tours blonds à boucles fringantes
« pour les fronts étroits et les nez longs. »
Je n'y suis pas.
« Supplément ingénieux qui donne du relief
« aux joues plates. »
Ouais!
« Cornettes fuyantes pour faire sortir les yeux
« en avant. »
Ah! voici ce que vous demandez.
« La souris est un petit nœud de nompareille,
« qui se place dans le bois. *Nota*. On appelle
« petit bois un paquet de cheveux hérissés,
« qui garnissent le pied de la futaie bouclée. »
Mais vous lirez cela à loisir. Allez vite arranger
votre toilette. Je vous enverrai mon maître aussitôt qu'il aura fini une petite affaire

AGATHE.

Qu'il ne me fasse pas attendre au moins. Adieu, Lisette.

LISETTE.

Adieu, Agathe.

# SCÈNE VII.

## LISETTE, PASQUIN.

LISETTE.

On vient à bout de tout en ce monde quand on sait prendre chacun par son foible ; les hommes par les femmes, les femmes par les habits. Çà, il faut à présent nous assurer de ton maître.

PASQUIN.

Il est chez le notaire ; il faut qu'il repasse par ici pour aller chez Agathe, et je l'arrêterai pendant que tu iras te déguiser en veuve.

LISETTE.

Récapitulons un peu ce déguisement. Tu es bien sûr que ton maître n'a jamais vu la veuve ?

PASQUIN.

Assurément. Sur la réputation qu'elle a dans Poitiers d'être fort riche, mon fanfaron s'est vanté qu'elle étoit amoureuse de lui. Pour se venger, elle a pris plaisir à se trouver masquée à deux ou trois assemblées où il étoit, de faire la passionnée, en un mot de se moquer de lui, trouvant toujours des excuses pour ne se point démasquer. C'est un gaillarde qui fait mille plaisanteries de cette nature, pour égayer son veuvage.

### LISETTE.

Puisque cela est ainsi, je contreferai la veuve comme si je l'étois.

### PASQUIN.

Tant pis; car on ne sauroit bien contrefaire la veuve qu'on n'ait contrefait la femme mariée. L'habit est-il prêt?

### LISETTE.

Oui.

### PASQUIN.

Voilà mon maître qui vient.

### LISETTE.

Amuse-le pendant que je me déguiserai; et après tu iras avertir Agathe qu'elle vienne nous surprendre; tu la feras écouter notre conversation. Laisse-moi faire.

# SCÈNE VIII.

## PASQUIN.

Comment lui tournerai-je la chose? Mais il ne faut pas tant de façons avec mon maître : un homme qui se croit aimé de toutes les femmes en est aisément la dupe.

# SCÈNE IX.

## DORANTE, PASQUIN.

PASQUIN.

Monsieur, monsieur.

DORANTE.

Ne m'arrête point, Agathe m'attend.

PASQUIN.

Ce n'est plus de mes affaires que je veux vous parler à présent.

DORANTE.

Je meurs d'impatience de la voir. L'amour, Pasquin, l'amour! Ah! quand on a le cœur pris...

PASQUIN.

Fait comme vous êtes, monsieur, je n'eusse jamais deviné que l'amour vous feroit perdre votre fortune.

DORANTE.

Que veux-tu dire par-là?

PASQUIN.

Que votre amour pour Agathe vous fait manquer cette veuve de cinquante mille écus.

DORANTE.

Eh! ne t'ai-je pas dit que la sotte est devenue invisible à Poitiers?

PASQUIN.

Apparemment elle vouloit éprouver votre constance. L'heureux moment est venu; elle est ici, monsieur.

REGNARD IV. 2

DORANTE.

Est-il possible ?

PASQUIN.

Il n'y a rien de plus vrai ; et depuis que vous m'avez quitté... Mais n'en parlons plus ; vous avez le cœur pris pour Agathe.

DORANTE.

Achève, Pasquin, achève.

PASQUIN.

Amoureux comme vous êtes, vous ne voudriez pas rompre un mariage d'inclination pour vingt mille écus plus ou moins.

DORANTE.

Il faudra se faire violence. Avec vingt mille écus on achète un régiment, on est utile au prince : tu sais qu'un gentilhomme doit se sacrifier pour les besoins de l'état.

PASQUIN.

Entre nous, l'état n'a pas grand besoin de vous, puisqu'il vous a remercié de vos services à la tête de votre compagnie.

DORANTE.

Parlons de la veuve, Pasquin.

PASQUIN.

La veuve est venue ce matin de Poitiers pour vos beaux yeux ; et, depuis que vous m'avez quitté, on vient de m'offrir de sa part cent pistoles si je puis lui livrer votre cœur.

DORANTE.

Je serai ravi de te faire gagner cent pistoles.
J'aime à m'acquitter, Pasquin.

PASQUIN.

En rabattant sur mes gages ?

DORANTE.

Çà, que faut-il faire, mon cœur ?

PASQUIN.

On est convenu avec moi que le hasard amène-
roit la veuve sous cet orme dans un quart-d'heure.

DORANTE.

Bon.

PASQUIN.

J'ai promis que le hasard vous y conduiroit
aussi.

DORANTE.

Fort bien.

PASQUIN.

Il faut que vous vous promeniez sans faire semblant de rien. Elle va venir sans faire semblant de
rien ; pour lors vous l'aborderez, vous, en faisant
semblant de rien ; elle vous écoutera faisant semblant de rien. Voilà comment se font les mariages
des Tuileries.

DORANTE.

Parbleu, tu es un homme adorable !

PASQUIN.

Çà, préparez-vous à aborder la veuve en petit-
maître. Cachez-vous un œil avec votre chapeau,
la main dans la ceinture, le coude en avant, le

corps d'un côté et la tête de l'autre; sur-tout
gardez-vous bien de vous promener sur une ligne
droite, cela est trop bourgeois.

DORANTE.

Ce maraud-là en sait presque autant que moi.

PASQUIN.

Voici l'occasion, monsieur, de faire profiter les
talents que vous avez pour le grand art de la mi-
nauderie. Ah! si vous pouviez vous souvenir de
cette mine que vous fîtes l'autre jour à la comédie,
là, une certaine mine qui perdit de réputation
cette femme à qui vous n'aviez jamais parlé.

DORANTE.

Que tu es badin!

# SCÈNE X.

LISETTE, *en veuve*; DORANTE, PASQUIN

PASQUIN, *bas, à Dorante.*

Voici la veuve, monsieur; faites semblant de
rien; hem, semblant de rien. (*haut, à Dorante,
en faisant signe à Lisette.*) N'y a-t-il rien de nouveau en Catalogne? Que dit-on de l'Allemagne?
Vous avez reçu des lettres de Flandre. La prome-
nade est bien déserte aujourd'hui. De quel côté
vient le vent? Mon Dieu! la belle journée!

DORANTE, *bas, à Pasquin.*

Pasquin, la veuve soupire.

PASQUIN, *bas, à Dorante.*

Apparemment, c'est pour le défunt.

DORANTE, *bas*, *à Pasquin.*

Il faut un peu la laisser ronger son frein. Elle
est sensible aux bons airs. Je me sers de mes avan-
tages.

PASQUIN, *bas*, *à Dorante.*

Vous avez raison ; votre geste est tout plein de
mérite, et vous avez encore plus d'esprit de loin
que de près. Si elle vous entendoit chanter, elle
seroit charmée, monsieur. Ne savez-vous point par
cœur quelque *impromptu* de l'opéra nouveau ?

DORANTE, *haut*, *à Pasquin.*

Je vais chanter, pour me désennuyer, un petit
air que je fis à Poitiers pour cette charmante veuve.
Hem.

( *Il chante.* )

Palsembleu, l'amour est un fat,
 L'amour est un fat.
 Sans égard pour ma naissance,
Il me fait soupirer, gémir, sentir l'absence,
 Comme un amant du tiers-état.

Palsembleu, l'amour, etc.

 Il n'est point de belle en France
Que je n'aye soumise à ce petit ingrat ;
 Et pour toute récompense,
 Il m'enchaîne comme un forçat.

Palsembleu, l'amour, etc.

PASQUIN, *après que Dorante a chanté.*

Vous êtes l'Amour, monsieur !

DORANTE, *bas*, *à Pasquin.*

C'est assez la faire languir. Ciel ! quelle aven-

2.

ture, Pasquin! Je crois que voilà mon aimable invisible dont je te parlois.

PASQUIN.

C'est elle-même.

DORANTE, *abordant la veuve*.

Par quel bonheur, madame, vous trouve-t-on dans ce village?

LISETTE.

J'y revenois chercher la solitude, et pleurer en liberté.

PASQUIN.

Retirons-nous donc, monsieur : il est dangereux d'interrompre les larmes d'une veuve. La vue d'un joli homme fait rentrer la douleur en dedans.

DORANTE.

Je vous l'ai dit cent fois, charmante spirituelle, je suis le cavalier de France le plus spécifique pour la consolation des dames.

LISETTE.

Un cavalier fait comme vous ne sauroit en consoler une qu'il n'en afflige mille autres.

DORANTE.

Périssent de jalousie toutes les femmes du monde, pourvu que vous vouliez bien...

LISETTE.

Ah! n'achevez pas, monsieur; je crains que vous ne me fassiez des propositions que je n pourrois entendre sans horreur : car enfin il n'y encore que huit ans que mon mari est mort.

PASQUIN.

Ah! monsieur, vous allez r'ouvrir une plaie qui
n'est pas encore bien fermée.

DORANTE.

Ah ! Pasquin, je sens que mon feu se rallume

LISETTE.

Hélas! le pauvre défunt m'aimoit tant!

PASQUIN, *bas, à Dorante.*

Elle parle du défunt, vos affaires vont bien

LISETTE.

Il m'a fait promettre en mourant ( *en baissant
la voix*) que je ne me remarierois point.

PASQUIN, *bas, à Dorante.*

Profitez du moment, monsieur; elle est femme:
et, puisque sa parole baisse, il faut qu'elle soit
bien foible.

LISETTE, *bégayant.*

Je tiendrai... ma promesse... ou bien...

PASQUIN, *bas, à Dorante.*

Elle bégaie, il est temps que je me retire.

DORANTE, *bas, à Pasquin.*

Va-t'en.

# SCÈNE XI.
## DORANTE, LISETTE.

DORANTE.

Nous sommes seuls, madame ; accordez-moi
donc enfin ce que vous m'avez tant de fois refusé
à Poitiers; levez ce voile cruel...

LISETTE.

Monsieur, l'affliction m'a si fort changée...

DORANTE.

Hé! je vous conjure...

LISETTE, *d'un ton de précieuse.*

Je ne dors point; la fatigue du carrosse, la chaleur, la poussière, le grand jour... vous me trouverez laide à faire peur.

DORANTE.

Je vous trouverai charmante.

LISETTE.

Vous le voulez? (*Elle lève sa coiffe.*)

DORANTE.

Que vois-je!

LISETTE.

Puisqu'il faut vous l'avouer, dès la seconde fois que je vous vis, je formai le dessein de faire votre fortune; mais je voulois vous éprouver. Ah, cruel! falloit-il sitôt vous rebuter?

DORANTE.

Eh! vous avois-je vue, madame?

# SCÈNE XII.

DORANTE, LISETTE, AGATHE, PASQUIN.

(*Pasquin amène Agathe pour écouter.*)

AGATHE, *à part, à Pasquin.*

C'est donc pour cela qu'il me faisoit tant attendre?

PASQUIN, *à part, à Agathe.*

Écoutez...                    (*Il sort.*)

# SCÈNE XIII.

DORANTE, LISETTE; AGATHE, *à part.*

### DORANTE, *à Lisette.*

Je l'avoue franchement, à votre refus j'avois jeté les yeux sur une petite fermière, parceque je trouvois une somme d'argent pour nettoyer de gros biens que j'ai en direction : mais, d'honneur, je ne l'ai jamais regardée que comme un enfant, une poupée avec quoi on se joue; et, depuis les charmantes conversations de Poitiers, vous n'avez point désemparé mon cœur.

### AGATHE, *à part.*

Le traître!

### LISETTE.

Apparemment que je vous crois, puisque je veux bien vous donner ma main. Mais, avant toutes choses, il faut que vous disiez à Agathe, en ma présence, que vous ne l'avez jamais aimée.

### DORANTE.

En votre présence ?

### LISETTE.

Quoi! vous hésitez ?

### DORANTE.

Nullement. Mais enfin dire en face à une femme que je ne l'aime point, c'est l'assassiner : le coup est mortel, madame; et je dois avoir des ménagements pour une pauvre petite créature qui..

LISETTE.

Qui...

DORANTE.

Qui, puisqu'il faut vous en faire la confidence, a eu pour moi certaines foiblesses. Je suis galant homme

AGATHE, *à part*

Comme il ment!

DORANTE.

Mais, madame, je quitte tout pour vous suivre Je me laisse enlever, je vous épouse; faut-il d'autres marques de mon amour?

LISETTE.

Au moins je vous ordonne d'aller tout présentement rompre l'engagement que vous avez ave le père.

DORANTE

Oh! pour cela volontiers.

LISETTE.

Allez promptement. Revenez dans une demi heure m'attendre sous cet orme.

DORANTE

Je vais vous satisfaire.

LISETTE,

Sous l'orme, au moins.

# SCÈNE XIV.

## AGATHE, LISETTE.

AGATHE, *à part, n'osant aborder la veuve.*

Il faut que je sache d'elle... Mais me ferai-je

connoître après ce qu'on lui vient de dire de moi?

LISETTE.

Mon Dieu! la jolie mignonne! Qu'elle est aimable! Me voulez-vous parler?

AGATHE, *n'osant l'aborder.*

Non.

LISETTE.

Mais je crois vous avoir vue quelque part. N'êtes-vous pas la belle Agathe?

AGATHE.

Je ne sais pas.

LISETTE.

Ne craignez rien, ma bouchonne. Vous m'aviez enlevé mon amant; mais je suis déjà vengée, puisqu'il vous a sacrifiée à moi.

AGATHE

Le traître!

LISETTE.

Vous êtes bien fâchée, n'est-ce pas, de perdre un si joli petit homme?

AGATHE.

Je ne suis fâchée que de ce qu'il vous vient de dire des faussetés de moi. Il dit que j'ai eu des foiblesses pour lui! ah! ne le croyez pas au moins, madame; c'est un méchant qui en dira autant de vous

LISETTE, *riant.*

Ha! ha!

AGATHE.

Vous riez ! Est-ce que vous me soupçonnez de e que ce menteur-là vous a dit ?

LISETTE.

Dorante ne sauroit mentir ; il est gentilhomme.

AGATHE.

Que je suis malheureuse ! Quoi ! vous croyez....

LISETTE, *se dévoilant.*

Oui, je crois...

AGATHE.

C'est Lisette !

LISETTE.

Je crois, comme je l'ai toujours cru, que vous êtes rt sage, et que Dorante est le plus grand scélérat u monde. Mais je suis contente, vous avez tout atendu. Ce n'est pas sa faute, comme vous voyez, i je ne suis qu'une fausse veuve. Eh bien ! que ous dit le cœur présentement ?

AGATHE.

Hélas ! j'ai trahi Colin : Colin m'aime-t-il encore ?

LISETTE.

Il fera tout comme s'il vous aimoit ; et, sitôt que vous lui aurez dit un mot, il ne songera qu'à se venger de Dorante.

AGATHE.

Ah ! qu'il ne s'y joue pas. Dorante m'a dit qu'il étoit bien méchant.

LISETTE.

Il s'agit d'une vengeance qui servira de diver tissement à toute notre petite société galante. Il sera berné... qu'il n'y manquera rien.

# SCÈNE XV.

## COLIN, AGATHE, LISETTE.

COLIN, *à part, sans apercevoir Agathe.*

PASQUIN me vient de dire que tout alloit bien, pourvu que je patientisse : mais, quand je devrois tout gâter, je ne saurois plus me tenir en place ; je sis trop amoureux.

AGATHE, *à Colin, fâchée de l'avoir trahi.*

Ah ! Colin, Colin !

COLIN, *à Agathe, qu'il aperçoit.*

Ce n'est pas de vous au moins que je dis que je sis amoureux : il feroit beau var que j'aimisse encore eune... ingrate !

AGATHE.

Il est vrai.

COLIN.

Eune... infidèle !

AGATHE.

Oui, Colin.

COLIN.

Eune... changeuse !

AGATHE.

Hélas ! je n'aime pas trop à changer ; mais c'est que cela me vint malgré moi tout d'un coup, parceque je n'avois jamais vu d'homme fait comme Dorante.

COLIN.

Oui, vous êtes eune traîtresse.

REGNARD IV. 3.

AGATHE.

Oh ! pour traîtresse, non... Ne vous avois-je
pas averti que je voulois aimer Dorante ?

COLIN, *étouffant de colère et d'amour.*

Eune... aouf, gnia pu moyen de retenir mon
naturel. Baille-moi ta main.

AGATHE.

Ah ! Colin , que je suis fâchée !

COLIN.

Ah ! que je sis aise, moi !

LISETTE

Vous allez user toute votre tendresse : gardez-
en un peu pour quand vous serez mariés ; vous en
aurez besoin. Çà, Dorante fà venir m'attendre
sous l'orme : nous avons résolu de nous moquer
de lui. Pierrot, Nanette et Licas nous doivent
aider ; ils sont là tout prêts. Les voici.

# SCÈNE XVI.

## LISETTE, COLIN, AGATHE, NANETTE,
### DEUX BERGERS.

LISETTE, *à Nanette et aux bergers.*

Qui vous a donc avertis qu'il étoit temps ?

NANETTE, *à Lisette.*

Nous avons vu de loin qu'elle se faisoit baiser
la main par Colin ; nous avons jugé...

COLIN, *à Nanette.*

C'est signe qu'al a retrouvé l'esprit qu'al avoit
pardu.

AGATHE.

Que je suis honteuse, Nanette, d'avoir été trompée par un homme !

NANETTE.

Hélas! à qui est-ce de nous autres que cela n'arrive point? Mais nous allons faire voir à ce petit coquet de Dorante qu'il ne sait pas son métier, puisqu'il donne le temps à une fille de faire des réflexions.

LISETTE.

Tous vos petits rôles de raillerie sont-ils prêts?

NANETTE.

Bon ! notre Licas et notre Pierrot feroient un opéra en deux heures.

LISETTE.

Oui, je vais vous donner votre rôle.

NANETTE.

Voici Dorante. Retirez-vous ; c'est à moi à commencer.

(Ils sortent.)

# SCÈNE XVII.

DORANTE, venant au rendez-vous que lui a donné la veuve.

Voici à peu près l'heure du rendez-vous. J'ai bien fait de ne point voir ni le père ni la fille : si la veuve m'alloit manquer, je serois bien aise de retrouver Agathe. J'entends des villageois qui chantent; laissons-les passer.

# SCÈNE XVIII.

## DORANTE, NANETTE, NICAISE.

*( Nicaise finit une chanson à une paysanne qui le fuit. )*

### NANETTE.

Mon pauvre Nicaise, tu perds ton temps et ta chanson. Il est vrai que je t'ai aimé ; mais c'est justement pour cela que je ne t'aime plus. Ce sont là nos règles.

### NICAISE *chante.*

Lorsque tu me promis, sous cet orme fatal,
Que je triompherois bientôt de mon rival,
Tu m'en voulus donner une preuve certaine.
    Ah ! que n'en ai-je profité !
    Je ne serois plus à la peine
De te reprocher ton infidélité.

### NANETTE *chante.*

    Il est vrai que ma franchise
      Fut surprise
Par tes discours trompeurs et par ton air charmant ;
Mais j'ai passé l'écueil du dangereux moment.
    J'ai pensé faire la sottise,
    Tu ne m'as pas prise au mot :
      Tu seras le sot,
      Tu seras le sot,
      Tu seras le sot.

# SCÈNE XIX.

## DORANTE.

Ces Poitevines sont galantes naturellement,
mais la veuve tarde beaucoup.

# SCÈNE XX.

## DORANTE, PASQUIN.

### PASQUIN.

Ah ! monsieur, nous jouons de malheur.

### DORANTE.

Qu'y a-t-il donc ?

### PASQUIN.

La veuve est partie, monsieur ; une de ses tantes
est venue l'enlever à ma barbe. Tout ce que la pau-
vrette a pu faire, c'est de sortir la tête par la portière du carrosse, et de me faire signe de loin
qu'elle ne laisseroit pas de vous aimer toujours.

### DORANTE.

Se seroit-elle moquée de moi ?

### PASQUIN.

Monsieur, j'ai sellé votre anglois ; le voilà attaché à la porte : si vous voulez suivre le carrosse,
il n'est pas encore bien loin.

### DORANTE.

Pasquin, il faut aller au plus certain. Je vais
trouver Agathe, et conclure avec elle. La voici
justement.

# SCÈNE XXI.

## DORANTE, AGATHE, PASQUIN.

AGATHE, *à part.*

Je vais bien me moquer de lui. ( *haut, à Dorante.* ) Ah ! vous voilà, monsieur ; il faudra donc que je vous cherche toute la journée ?

DORANTE.

Ah ! pardon, ma charmante, j'ai eu une affaire indispensable.

AGATHE.

N'est-ce point plutôt que vous m'auriez fait quelque infidélité ?

DORANTE.

Que dites-vous là, cruelle, injuste, ingrate ! J'atteste le ciel...

AGATHE.

Eh ! là, là, ne jurez point. Je sais bien comme vous m'aimez.

DORANTE.

Mais vous, qui parlez, est-ce aimer que de pouvoir attendre jusqu'à demain ?

AGATHE.

Eh bien, marions-nous tout à l'heure.

DORANTE.

Dites donc au papa qu'il abrège les formalités : les articles, ce contrat, me désespèrent.

PASQUIN.

La sotte coutume pour les amants qui sont bien pressés !

AGATHE.

Nous irons dans un moment trouver mon père;
et, s'il nous fait trop attendre, nous nous marie-
rons tous deux tout seuls.

# SCÈNE XXII.

LES MÊMES, CHOEUR DE BERGERS ET DE BERGÈRES.

LE CHOEUR *chante derrière le théâtre.*
ATTENDEZ-MOI sous l'orme,
Vous m'attendrez long-temps.

# SCÈNE XXIII.

DORANTE, AGATHE, PASQUIN.

DORANTE.

QU'ENTENDS-JE ?

AGATHE.

C'est la noce d'un nommé Colin. Vous ne le
connoissez pas ?

PASQUIN, *faisant un saut, va joindre la noce.*
Une noce ! Ma foi, je m'en vais danser

# SCÈNE XXIV.

DORANTE, AGATHE, PASQUIN; *plusieurs*
BERGERS *et* BERGÈRES *priés pour la noce de* COLIN
*et d'*AGATHE.

DORANTE, *à Agathe.*
Ils s'avancent, cédons-leur la place.

## ATTENDEZ-MOI SOUS L'ORME.

AGATHE.

Oh ! il faut que je sois de cette noce-là.

DORANTE.

Quoi ! vous pouvez différer un moment ?

AGATHE.

Sitôt que la noce sera faite, nous nous marie-rons.

LE CHOEUR *chante.*

Attendez-moi sous l'orme,
Vous m'attendrez long-temps.

DORANTE.

Pasquin, voici bien des circonstances.

PASQUIN.

C'est le hasard, monsieur.

DORANTE.

En tout cas, il faut faire bonne contenance.
( *il se mêle avec les villageois.* )
Fort bien, mes enfants. Vive la Poitevine ! Me-nuet de Poitou. Courage, Pasquin.

*On chante.*

Prenez la fillette
Au premier mouvement;
Car elle est sujette
Au changement :
Souvent la plus tendre,
Qu'on fait trop attendre,
Se moque de vous
Au rendez-vous.

PASQUIN, *se moquant de Dorante.*

Nous sommes trahis; on nous berne, monsieur.

DORANTE.

Ceci me confond.

LISETTE *chante à Dorante.*

Vous, qui pour héritage
N'avez que vos appas,
L'argent ni l'équipage
Ne vous manqueront pas:
Malgré votre réforme,
La veuve y pourvoira;
Attendez-la sous l'orme,
Peut-être elle viendra.

AGATHE *chante à Dorante*

La fille de village
Ne donne à l'officier
Qu'un amour de passage;
C'est le droit du guerrier:
Mais le contrat en forme,
C'est le lot du fermier.
Attendez-moi sous l'orme,
Monsieur l'aventurier.

COLIN *chante.*

Un jour notre goulu de chat
Tenoit la souris sous sa patte;
Mais al étoit pour li trop délicate:
Il la lâchit pour prendre un rat.

PASQUIN, *à Dorante.*

Voilà de mauvais plaisants, monsieur. Votre
cheval est sellé.

( *Dorante veut tirer l'épée.* )

PIERROT *arrêtant Dorante.*

Tout bellement, ou nous ferons sonner le tous
in sur vous.                                    3.

## ATTENDEZ-MOI SOUS L'ORME.

### DORANTE.

Je viendrai saccager ce village-ci avec un régiment que j'achèterai exprès.

### LISETTE.

Ce sera des deniers de la veuve ?

### DORANTE *s'en va.*

### LE VILLAGE *poursuit Dorante en dansant et chantant.*

Attendez-moi sous l'orme,
Vous m'attendrez long-temps.

## FIN.

# LES MÉNECHMES,

## OU

# LES JUMEAUX,

## COMÉDIE

EN CINQ ACTES, ET EN VERS,

PRÉCÉDÉE D'UN PROLOGUE EN VERS LIBRES.

1705.

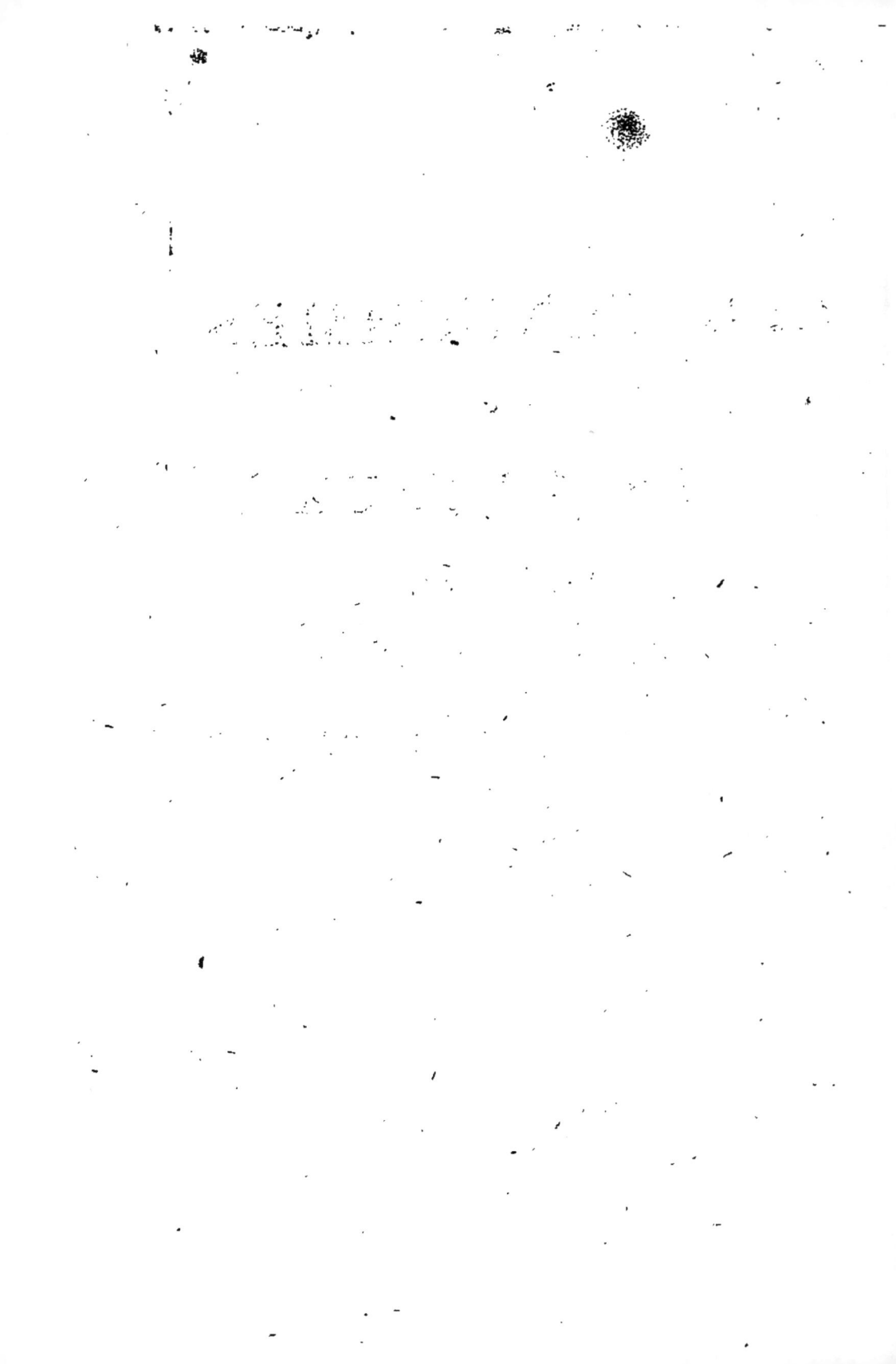

# ÉPÎTRE

## À M. DESPRÉAUX.

Favori des neuf Sœurs, qui, sur le mont Parnasse.
De l'aveu d'Apollon, marches si près d'Horace ;
O toi qui, comme lui, maître en l'art des bons vers,
As joui de ton nom, et mis l'Envie aux fers ;
Et qui, par un destin aussi noble que juste,
Trouves pour bienfaiteur un prince tel qu'Auguste ;
Ouvre une main facile ; accepte avec plaisir
Un poëme imparfait, enfant de mon loisir.
De tes traits éclatants admirateur fidèle,
Ton style de tout temps m'a servi de modèle :
Et, si quelque bon vers par ma veine est produit
De tes doctes leçons ce n'est que l'heureux fruit.
Toi-même as bien voulu, sensible à mes prières,
Sur cet ouvrage offert me prêter des lumières.
Ton applaudissement, que rien n'a suspendu,
De celui du public m'a toujours répondu.
Qui peut mieux en effet, dans le siècle où nous sommes,
Aux règles du bon goût assujettir les hommes ?
Qui connoît mieux que toi le cœur et ses travers ?
Le bon sens est toujours à son aise en tes vers ;
Et, sous un art heureux découvrant la nature,
La vérité par-tout y brille toute pure.

Mais qui peut comme toi prendre un si noble essor ,
Et de tous les métaux tirer des veines d'or ?
Que d'auteurs, en suivant Despréaux et Pindare ,
Se sont fait un destin commun avec Icare !
De tous ces beaux lauriers, qu'ils ont cherchés en vain
Je ne veux qu'une feuille offerte de ta main :
Si je l'ai méritée, et que tu me la donnes ,
Ce présent sur mon front vaudra mille couronnes ;
Et, pour disciple enfin si tu veux m'avouer,
C'est par cet endroit seul qu'on pourra me louer.

REGNARD.

---

# PERSONNAGES DU PROLOGUE.

APOLLON.
MERCURE.
PLAUTE.

La scène est sur le Parnasse.

# PROLOGUE

Le théâtre représente le mont Parnasse.

———

## SCÈNE I.

### APOLLON, MERCURE.

MERCURE.

Honneur au seigneur Apollon.

APOLLON.

Ah! dieu vous gard', seigneur Mercure
Par quelle agréable aventure
Vous voit-on au sacré vallon?

MERCURE.

Vous savez, grand dieu du Parnasse,
Que je ne me tiens guère en place.
J'ai tant de différents emplois
Du couchant jusqu'aux lieux où l'aurore étincelle,
Que ce n'est pas chose nouvelle
De me rencontrer quelquefois.

APOLLON.

Vous êtes le bras droit du grand dieu du tonnerre;
Votre peine est utile aux hommes comme aux dieux;
Et c'est par vos soins que la terre
Entretient quelquefois commerce avec les cieux.

MERCURE.

Ce travail me lasse et m'ennuie,
Lorsque je vois tant de dieux fainéants

Qui ne songent-là-haut qu'à respirer l'enceus,
  Et qu'à se gorger d'ambroisie.

### APOLLON.

Vous vous plaignez à tort d'un trop pénible emploi :
  S'il vous falloit donc, comme moi,
  Éclairer la machine ronde,
  Rendre la nature féconde,
  Mener quatre chevaux quinteux,
  Risquer de tomber avec eux,
  Et de faire un bûcher du monde ;
  Dans ce métier pénible et dangereux
  Vous auriez sujet de vous plaindre.
Depuis que l'univers est sorti du chaos
Ai-je encor trouvé, moi, quelque jour de repos ?
  Quoi qu'il en soit, parlons sans feindre ;
  A vous servir je serai diligent.
Le seigneur Jupiter, dont vous êtes l'agent,
Honnête ou non, c'est dont fort peu je m'embarrasse,
  Pour goûter des plaisirs nouveaux,
  A quelque nymphe du Parnasse
  Voudroit-il en dire deux mots ?

### MERCURE.

  Vos muses, ailleurs destinées,
  Sont pour lui par trop surannées :
  Depuis trois ou quatre mille ans,
Tous vos faiseurs de vers, mal avec la fortune,
  En ont tous épousé quelqu'une.
Il faut à Jupiter des morceaux plus friands :
La qualité n'est pas ce qui plus l'inquiète :
  Une bergère, une grisette,
  Lui fait souvent courir les champs.

APOLLON.

Que dit à cela son épouse?

MERCURE.

Elle suit les transports de son humeur jalouse ;
Mais le bon Jupiter ne s'en étonne pas :
Et là-haut c'est comme ici-bas ;
Quand un époux a fait quelque intrigue nouvelle,
La femme a beau crier, le mari va son train.
Quand la dame, en revanche, a formé le dessein
De se dédommager d'un époux infidèle,
Et qu'un galant se rend patron
De la femme et de la maison ;
L'époux a beau gronder, faire le ridicule,
Il faut qu'il en passe par-là,
Et qu'il avale la pilule,
Ainsi que Vulcain l'avala.

APOLLON.

Quelle est donc la raison nouvelle
Qui près d'Apollon vous appelle?

MERCURE.

Je vais vous le dire ; écoutez.
Vous savez qu'au ciel et sur terre
On me donne cent qualités :
Je suis l'agent du dieu qui lance le tonnerre :
Je conduis les morts aux enfers :
Mon pouvoir s'étend sur les mers :
Je suis le dieu de l'éloquence :
Ma planète préside aux fous,
Aux marchands ainsi qu'aux filous ;
Fort petite est la différence :
Je donne aux chimistes la loi :
Des pâles médecins la cohorte assassine

M'appelle, suivant mon emploi,
Le furet de la médecine.
Heureux qui se passe de moi!

APOLLON.

Entre tant de métiers mis dans votre apanage,
Qui pourroient fatiguer quatre dieux comme vous,
C'est celui de porter, je crois, les billets doux
Qui vous occupe davantage.

MERCURE.

Mon crédit est tombé; je suis de bonne foi :
Chacun, depuis un temps, de ce métier se pique,
Et tant d'honnêtes gens exercent mon emploi
Que je leur laisse ma pratique;
Ils y sont presque tous aussi savants que moi.

APOLLON.

Vous avez trop de modestie.
Mais venons donc au fait dont il est question.

MERCURE.

Des spectacles, la comédie,
Me donnent à Paris quelque occupation;
Je les ai pris sous ma protection.
Pour célébrer une fête publique,
J'aurois aujourd'hui grand besoin
D'avoir quelque pièce comique
Qui fût marquée à votre coin.

APOLLON.

Eh quoi! sans vous donner la peine
De venir ici de si loin,
N'est-il point là d'auteurs, amoureux de la scène,
Qui du théâtre encor puissent prendre le soin?

MERCURE.

Depuis qu'un peu trop tôt la Parque meurtrière

Enleva le fameux Molière,
Le censeur de son temps, l'amour des beaux esprits,
La comédie en pleurs, et la scène déserte ;
  Ont perdu presque tout leur prix ;
  Depuis cette cruelle perte
  Les plaisirs, les jeux, et les ris ;
Avec ce rare auteur sont presque ensevelis.

APOLLON.

  Il faut réparer le dommage
Que le destin a fait au théâtre françois,
Et tirer du tombeau quelque grand personnage
  Pour paroître encore une fois.
Plaute fut en son temps les délices de Rome,
Tel que Molière fut le charme de Paris ;
Il tient ici son rang parmi les beaux esprits :
  Il faut consulter ce grand homme.
Qu'on le fasse venir.

MERCURE.

  Certes, je suis confus
Des bontés que pour moi...

APOLLON.

  Finissons là-dessus.
  Entre des dieux tels que nous sommes
  Il ne faut pas de longs discours :
  Laissons les compliments aux hommes ;
  Ils en sont les dupes toujours

# SCÈNE II

PLAUTE, APOLLON, MERCURE.

APOLLON, à Plaute.

PENDANT que tu vivois, je t'ai comblé de gloire

Autant que de son temps auteur le fut jamais;
J'ai fait graver ton nom au temple de mémoire,
  Et t'ai prodigué mes bienfaits.

PLAUTE.

Il est vrai ; mais enfin, quelque amour qui vous guide,
Les dons qu'aux beaux esprits prodigue votre main
    N'ont rien de réel, de solide,
Et n'ôtent pas toujours les soins du lendemain :
Qui ne mâche chez vous qu'un laurier insipide,
    Court risque de mâcher à vide,
    Et souvent de mourir de faim ;
  Et, si j'avois à reprendre naissance,
    J'aimerois mieux être portier
    D'un traitant, ou d'un sous-fermier,
    Que mignon de votre excellence.

MERCURE.

C'est faire peu de cas et mettre à trop bas prix
Les faveurs qu'Apollon dispense aux beaux esprits
    Et mon avis n'est pas le vôtre.

PLAUTE.

  J'en pourrois parler mieux qu'un autre.
  Croiriez-vous que, sur mon déclin,
Laissant le dieu des vers, que j'étois las de suivre,
    Ne pouvant me donner de pain,
    Je me suis vu réduit, pour vivre
    A tourner la meule au moulin?

MERCURE.

Vous !

PLAUTE.

  Moi.

MERCURE.

  Cet illustre poète

Finir ses jours au moulin !

PLAUTE.

Oui.

MERCURE.

Si Plaute a fait en ce lieu sa retraite,
Où donc renverrons-nous nos rimeurs d'aujourd'hui ?

APOLLON.

Un poëte aisément s'endort dans la mollesse :
L'abondance souvent, unie à la paresse,
    Sèche sa veine et la tarit;
Mais la nécessité réveille son esprit.

MERCURE.

Enfin, quel qu'ait été votre sort domestique,
    Je viens, charmé de vos talents,
    Vous demander une pièce comique,
De celles que dans Rome on vit de votre temps,
    Pour savoir si le goût antique
Trouveroit à Paris encor des partisans.

PLAUTE.

    J'en doute fort. Les caractères,
    Les esprits, les mœurs, les manières,
En près de deux mille ans ont bien changé, je crois.
    Et, par exemple, dites-moi,
A Paris aujourd'hui de quel goût sont les dames

MERCURE.

    Mais... elles sont du goût des femmes.

PLAUTE.

A Rome, de mon temps, libres dans leurs soupirs,
Elles ne trouvoient point l'hymen un esclavage;
Et, faisant du divorce un légitime usage,
Elles changeoient d'époux au gré de leurs desirs.

MERCURE.

Oh ! ce n'est plus le temps : une loi plus austère
Fixe une femme au premier choix ;
Elle ne peut avoir qu'un époux à la fois :
Mais un usage, moins sévère,
Aux coquettes du temps permet encor parfois
D'avoir autant d'amants qu'elles en peuvent faire.

APOLLON.

C'est un tempérament ; et, comme je le voi,
L'usage adoucit bien la rigueur de la loi.

PLAUTE.

Mais voit-on encor par la ville
Une troupe lâche et stérile
De fades et mauvais plaisants,
Qui chez les grands de Rome alloient chercher à vivre
Et qui ne cessoient de les suivre
Soit à la ville, soit aux champs ;
De lâches délateurs, des complaisants serviles,
Que dans mes vers j'ai souvent exprimés :
Des parasites affamés,
De ces importants inutiles,
Qui tous les jours dans les maisons
A l'heure du dîner font de sûres visites ?

MERCURE.

Non, mais l'on y voit des Gascons,
Qui valent bien des parasites.

PLAUTE.

Le goût étant changé, comme enfin je le vois,
Une pièce de moi, je crois, ne plairoit guère,
A moins qu'Apollon ne fît choix
D'un auteur comique et François
Qui pût accommoder le tout à sa manière,

Porter la scène ailleurs, changer, faire et défaire :
S'il pouvoit réussir dans ce noble dessein,
    Moitié François, moitié Romain,
    Je pourrois peut-être encor plaire.

### APOLLON.

Je me souviens qu'un de ces jours
Un auteur, qui parfois erre dans ces détours,
    Me fit voir un sujet qu'on nomme
Les Ménechmes, qu'il dit avoir tiré de vous,
    Et qui fut applaudi dans Rome.

### PLAUTE.

Tout auteur que je sois, je ne suis point jaloux
    Que mon travail lui soit utile :
    Le sujet qu'il a pris
Divertit autrefois un peuple difficile ;
Et peut-être aura-t-il même sort à Paris.

### MERCURE.

Sur cet augure heureux, de ce pas je vais faire
    Tout ce qui sera nécessaire
    Pour mettre la pièce en état.

### APOLLON.

Et moi, je vais commencer ma carrière,
Et rendre au monde son éclat.

# SCÈNE III.

### MERCURE.

Messieurs, ne soyez point en peine
    Comment je puis si promptement
Ajuster cette pièce, et faire en un moment
    Qu'elle paroisse sur la scène ;
    Nous autres dieux, d'un coup de main,
    Nous passons tout effort humain.

Agréez donc mes soins; et, pour reconnoissance
    D'avoir voulu vous divertir,
Ayez pour mon travail quelque peu d'indulgence,
Et vous n'aurez pas lieu de vous en repentir.
J'écarterai de vous tout ce qui peut vous nuire,
Coupeurs de bourse adroits, médecins, usuriers,
Avocats babillards, insolents créanciers;
    Tous ces gens sont sous mon empire.
    Et s'il est parmi vous quelqu'un,
Possédant femme ou maîtresse fidèle,
    (C'est un cas qui n'est pas commun),
    Je n'emploierai jamais près d'elle,
Pour corrompre son cœur et sa fidélité,
    Ni mon art, ni mon éloquence :
    C'est payer trop, en vérité,
    Quelques moments de complaisance;
Mais un dieu doit user de générosité.

---

# PERSONNAGES.

MÉNECHME.                } Frères
LE CHEVALIER MÉNECHME.   } jumeaux.
DÉMOPHON, père d'Isabelle.
ISABELLE, amante du chevalier.
ARAMINTE, vieille tante d'Isabelle, amou-
    reuse du chevalier.
FINETTE, suivante d'Araminte.
VALENTIN, valet du chevalier.
ROBERTIN, notaire.
UN MARQUIS Gascon.
M. COQUELET, marchand.
    La scène est à Paris, dans une place publique.

# LES MÉNECHMES,

## COMÉDIE.

## ACTE PREMIER

### SCÈNE I.

LE CHEVALIER MÉNECHME.

Je suis tout hors de moi. Maudit soit le valet !
Pour me faire enrager il semble qu'il soit fait :
Je ne puis plus long-temps souffrir sa négligence ;
Tous les jours le coquin lasse ma patience ;
Il sait que je l'attends.

### SCÈNE II

VALENTIN, LE CHEVALIER.

LE CHEVALIER.

Mais enfin je le voi.
D'où viens-tu donc, maraud ? dis ; parle ; réponds-moi.
VALENTIN, *mettant à terre une valise qu'il portoit*
*et s'asseyant dessus.*
Quant à présent, monsieur, je ne vous puis rien dire ;
Un moment, s'il vous plaît, souffrez que je respire :
Je suis tout essouflé.

4

LE CHEVALIER.

         Veux-tu donc tous les jours
Me mettre au désespoir, et me jouer des tours ?
Je ne sais qui me tient que de vingt coups de canne...
Quoi ! maraud ! pour aller jusques à la douane
Retirer ma valise, il te faut tant de temps ?

VALENTIN.

Ah ! monsieur, ces commis sont de terribles gens !
Les Juifs, tout Juifs qu'ils sont, sont moins durs, moins
Ils ne répondent point que par monosyllabes.
Oui ! Bon ! Paix ! Quoi ? Monsieur... Je n'ai pas le loisir;
Mais, monsieur... Revenez : Faites-moi le plaisir...
Vous me rompez la tête; allez. Enfin les traîtres,
Quand on a besoin d'eux, sont plus fiers que leurs maîtres.

LE CHEVALIER.

Quoi ! tu serois resté jusqu'à l'heure qu'il est
Toujours à la douane ?

VALENTIN.

        Oh ! non pas, s'il vous plaît.
Voyant que le commis qui gardoit ma valise
Usoit depuis une heure avec moi de remise,
Las d'avoir pour objet un visage ennuyeux,
J'ai cru qu'au cabaret j'attendrois beaucoup mieux.

LE CHEVALIER.

Faudra-t-il que le vin te commande sans cesse

VALENTIN.

Vous savez que chacun, monsieur, a sa foiblesse;
Mais le mauvais exemple, encor plus que le vin,
Me retient, malgré moi, dans le mauvais chemin.
Je me sens de bien vivre une assez bonne envie.

LE CHEVALIER.

Mais pourquoi hantes-tu mauvaise compagnie ?

VALENTIN.

Je fais de vains efforts, monsieur, pour l'éviter;
Mais je vous aime trop, je ne puis vous quitter.

LE CHEVALIER.

Que dis-tu donc, maraud?

VALENTIN.

Monsieur, un long usage
De parler librement me donne l'avantage.
En pareil cas que moi vous vous êtes trouvé;
Assez souvent, d'un vin bien pris et mal cuvé
Je vous ai vu le chef plus lourd qu'à l'ordinaire;
J'ai même quelquefois prêté mon ministère
Pour vous donner la main et vous conduire au lit:
De ces petits excès je ne vous ai rien dit;
Nous devons nous prêter aux foiblesses des autres,
Leur passer leurs défauts, comme ils passent les nôtres.

LE CHEVALIER.

Je te pardonnerois d'aimer un peu le vin,
Si je te connoissois à ce seul vice enclin;
Mais ton maudit penchant à mille autres te porte;
Tu ressens pour le jeu la pente la plus forte...

VALENTIN.

Ah! si je joue un peu, c'est pour passer le temps.
Quand vous passez les nuits dans certains noirs brelans,
Je vous entends jurer au travers de la porte:
Je jure comme vous, quand le jeu me transporte;
Et, ce qui peut tous deux nous différencier,
Vous jurez dans la chambre et moi sur l'escalier.
Je vous imite en tout. Vous, d'une ardeur extrême,
Buvez, jouez, aimez; je bois, je joue, et j'aime:
Et si je suis coquet, c'est vous qui le premier,
Consommé dans cet art, m'apprîtes le métier.

Vous alliez chaque jour, d'une ardeur vagabonde,
Faisant rafle par-tout, de la brune à la blonde.
Isabelle à présent vous retient sous sa loi;
Vous l'aimez, dites-vous : je ne sais pas pourquoi...

LE CHEVALIER.

Tu ne sais pas pourquoi ! Se peut-il qu'à ses charmes,
A ses yeux tout divins on ne rende les armes ?
Je la vis chez sa tante, où je fus enchanté;
Le trait qui me perça, mon cœur l'a rapporté.

VALENTIN.

Autrefois cependant pour sa tante Araminte,
Toute folle qu'elle est, vous aviez l'ame atteinte.
J'approuvois fort ce choix : outre que ses ducats
Nous ont plus d'une fois tirés de mauvais pas,
J'y trouvois mon profit; vous cajoliez la tante,
Et moi je pourchassois Finette la suivante :
Ainsi vous voyez bien...

LE CHEVALIER.

　　　　　Oui; je vois, en un mot,
Que tu fais le docteur, et que tu n'es qu'un sot.
Pour t'empêcher de dire encor quelque sottise
Finissons, et chez moi va porter ma valise.

VALENTIN, *redressant la valise pour la mettre sur*
*son épaule.*

J'obéis : cependant, si je voulois parler,
Sur un si beau sujet je pourrois m'étaler.

LE CHEVALIER.

Eh ! tais-toi.

VALENTIN.

　　　　Quand je veux, je parle mieux qu'un autre

LE CHEVALIER.

Quelle est cette valise?

VALENTIN.

Eh! parbleu, c'est la vôtre.

LE CHEVALIER.

De la mienne elle n'a ni l'air ni la façon.

VALENTIN.

J'ai long-temps, comme vous, été dans le soupçon;
Mais de votre cachet la figure et l'empreinte,
Et l'adresse bien mise, ont dissipé ma crainte;
Lisez plutôt ces mots distinctement écrits:
C'est « A monsieur Ménechme, à présent à Paris. »

LE CHEVALIER.

Il est vrai; mais enfin, quoi que tu puisses dire,
Je ne reconnois point cette façon d'écrire;
Enfin ça n'est point là ma valise.

VALENTIN.

D'accord;
Cependant à la vôtre elle ressemble fort.

LE CHEVALIER.

Tu m'auras fait ici quelque coup de ta tête.

VALENTIN.

Mais vous me prenez donc, monsieur, pour une bête.
En revenant de Flandre, où par trop brusquement
Vous avez pris congé de votre régiment;
Et passant à Péronne, où fut le dernier gîte,
Nous y prîmes la poste; et, pour aller plus vite,
Vous me fîtes porter au coche, qui partoit,
Votre malle assez lourde, et qui nous arrêtoit:
J'obéis à votre ordre avec zèle et vitesse;
Je fis par le commis mettre-dessus l'adresse:
Ainsi je n'ai rien fait que bien dans tout ceci.

LE CHEVALIER.

C'est de quoi dans l'instant je veux être éclairci.

Regnard.                                    4.

Ouvre vite, et voyons quel est tout ce mystère.

VALENTIN, *tirant un paquet de clefs.*

Dans un moment, monsieur, je vais vous satisfaire.
Ouais ! la clef n'entre point.

LE CHEVALIER.

Romps chaîne et cadenas.

VALENTIN.

Puisque vous le voulez, je n'y résiste pas.
Or sus, instrumentons.

LE CHEVALIER.

Qu'as-tu ? Tu me regardes !

VALENTIN.

Je ne vois là-dedans pas une de vos hardes.

LE CHEVALIER.

Comment donc, malheureux !

VALENTIN.

Monsieur, point de courroux ;
Au troc que nous faisons peut-être gagnons-nous ;
Et je ne crois pas, moi, que dans votre valise
Nous eussions pour vingt francs de bonne marchandise.

LE CHEVALIER.

Et ces lettres, maraud, qui faisoient mon bonheur,
Où l'aimable Isabelle exprimoit son ardeur,
Qui me les rendra ? dis.

VALENTIN, *tirant un paquet de lettres de la valise.*

Tenez, en voilà d'autres
Qui vous consoleront d'avoir perdu les vôtres.

LE CHEVALIER, *prenant les lettres.*

Sais-tu que les railleurs et les mauvais plaisants
D'ordinaire avec moi passent fort mal leur temps ?

VALENTIN.

Mon dessein n'étoit pas de vous mettre en colère.

*( le chevalier lit les lettres.)*

Mais sans perdre de temps faisons notre inventaire.
*(il examine les hardes de la valise, et tire un sac*
*de procès.)*

Ce meuble de chicane appartient sûrement
A quelque homme du Maine, ou quelque bas-Normand.
*(il tire un habit de campagne.)*

L'habit est vraiment leste et des plus à la mode;
Pour un surtout de chasse il me sera commode.

LE CHEVALIER.

Oh ciel!

VALENTIN.

Quel est l'excès de cet étonnement?

LE CHEVALIER.

L'aventure ne peut se comprendre aisément.

VALENTIN.

Qu'avez-vous donc, monsieur? est-ce quelque vertige
Qui vous monte à la tête?

LE CHEVALIER.

Elle tient du prodige :
Tu ne la croiras pas quand je te la dirai.

VALENTIN.

Si vous ne mentez pas, monsieur, je vous croirai.

LE CHEVALIER.

Je suis né, tu le sais, assez près de Péronne,
D'un sang dont la valeur ne le cède à personne.
Tu sais qu'ayant perdu père, mère, et parents,
Et demeurant sans bien dès mes plus tendres ans,
Las de passer mes jours dans le fond d'une terre,
Je suivis à quinze ans le métier de la guerre.
Un frère seul resta de toute la maison,
Avec un oncle avare, et riche, disoit-on

En différents pays j'ai brusqué la fortune,
Sans que l'on ait de moi reçu nouvelle aucune;
Et je sais, par des gens qui m'en ont fait rapport,
Que depuis très long-temps mon frère me croit mort.

VALENTIN.

Je le sais; et de plus je sais que votre mère
Mourut en accouchant de vous et de ce frère;
Que vous êtes jumeaux, et que votre portrait
En toute sa personne est rendu trait pour trait;
Que vos airs dans les siens sont si reconnoissables,
Que deux gouttes de lait ne sont pas plus semblables.

LE CHEVALIER.

Nous nous ressemblions, mais si parfaitement,
Que les yeux les plus fins s'y trompoient aisément;
Et notre père même, en commençant à croître,
Nous attachoit un signe afin de nous connoître.

VALENTIN.

Vous m'avez dit cela déjà plus d'une fois;
Mais que fait cette histoire au trouble où je vous vois

LE CHEVALIER.

Ce n'est pas sans raison que j'ai l'ame surprise,
Valentin. A ce frère appartient la valise;
Et j'apprends, en lisant la lettre que je tiens,
Que notre oncle est défunt, et qu'il laisse ses biens
A ce frère jumeau, qui doit ici se rendre.

VALENTIN.

La nouvelle en effet a de quoi vous surprendre.

LE CHEVALIER.

Écoute, je te prie, avec attention.
Ceci mérite bien quelque réflexion.

( il lit. )

« Je vous attends, monsieur, pour vous re-

mettre comptant les soixante mille écus que votre
oncle vous a laissés par testament, et pour épouser mademoiselle Isabelle, dont je vous ai plusieurs
fois parlé dans mes lettres : le parti vous convient
fort, et son père Démophon souhaite cette affaire
avec passion. Ne manquez donc point de vous
rendre au plus tôt à Paris, et faites-moi la grace de
me croire votre très humble et très obéissant serviteur,

                                   ROBERTIN. »

Robertin, c'est le nom d'un honnête notaire
Qui travailloit pour nous du vivant de mon père.
La date, le dessus, et le nom bien écrit,
Dans mes préventions confirment mon esprit.
Mon frère, pour venir au gré de cette lettre,
Comme moi, sa valise au coche aura fait mettre,
Et dans le même temps : ce rapport de grandeur,
De cachet et de nom a causé ton erreur;
Et je conclus enfin, sans être fort habile,
Que mon frère est déjà peut-être en cette ville.

                VALENTIN.
Cela pourroit bien être, et je suis stupéfait
Des effets surprenants que le hasard a fait.
Il faut que justement je fasse une méprise
Et que notre bonheur vienne de ma sottise.
Nous trouvons en un jour un vieil oncle enterré,
Qui laisse de grands biens dont il vous a frustré;
Un frère qui reçoit tous ces biens qu'on lui laisse;
Et qui vient enlever encor votre maîtresse :
Voilà tout à la fois cinq ou six incidents
Capables d'étourdir les plus habiles gens.

LE CHEVALIER.

Nous ferons tête à tout, et de cette aventure
Je conçois dans mon cœur un favorable augure.

VALENTIN.

Soixante mille écus nous feroient grand besoin.

LE CHEVALIER.

Il faut pour les avoir employer notre soin :
Ils sont à moi du moins tout autant qu'à mon frère ;
Mais il faut déterrer le frère et le notaire.
Va, cours, informe-toi, ne perds pas un moment.

VALENTIN.

Vous connoissez mon zèle et mon empressement,
Et, s'il est à Paris, j'ai des amis fidèles,
Qui dans une heure au plus m'en diront des nouvelles.

LE CHEVALIER.

Je vais chez Araminte ; elle sait mon retour :
Il faudra feindre encor que je brûle d'amour.
Elle n'a nul soupçon de ma nouvelle flamme.
Tu sais le caractère et l'esprit de la dame ;
Elle est vieille, et jalouse à désoler les gens ;
Ses airs et ses discours sont tous impertinents ;
Enfin c'est une folle, et qui veut qu'on la flatte :
Quoiqu'un rayon d'espoir pour mon amour éclat
Incertain du succès, je la veux ménager.
Retourne à la douane, au coche, au messager.
Mais Araminte sort. Va vite où je t'envoie.

*( Valentin emporte la malle, et sort. )*

# SCÈNE III.

ARAMINTE, FINETTE; LE CHEVALIER, *à part.*

ARAMINTE.

Nous reverrons Ménechme aujourd'hui. Quelle joie !
Je ne puis demeurer en place ni chez moi.
Pareil empressement doit l'agiter, je croi.
Comment me trouves-tu ? dis, Finette.

FINETTE.

Charmante :
Votre beauté surprend, ravit, enlève, enchante;
Il semble que l'amour, dans ce jour si charmant,
Ait pris soin par mes mains de votre ajustement.

ARAMINTE.

Cette fille toujours eut le goût admirable.
( *apercevant le chevalier qui s'approche.* )
Ah ! monsieur, vous voilà ! Quel destin favorable
Plus que je n'espérois presse votre retour ?
Et quel dieu près de moi vous ramène ?

LE CHEVALIER.

L'Amour.

ARAMINTE.

L'Amour ! Le pauvre enfant !

LE CHEVALIER.

Votre aimable présence
Me dédommage bien des chagrins de l'absence.
Non, je ne vois que vous qui, sans art, sans secours,
Puissiez paroître ainsi plus jeune tous les jours.

ARAMINTE.

Fi donc, bádin ! L'amour quelquefois, quoiqu'absente,
A votre souvenir me rendoit-il présente ?

Votre portrait charmant, et qui fait tout mon bien,
Que je reçus de vous quand vous prîtes le mien,
Me consoloit un peu d'une absence effroyable;
Le mien a-t-il sur vous fait un effet semblable?

LE CHEVALIER.

Votre image m'occupe et me suit en tous lieux :
La nuit même ne peut vous cacher à mes yeux;
Et cette nuit encor, (je rappelle mon songe :
O douce illusion d'un aimable mensonge!)
Je me suis figuré, dans mon premier sommeil,
Être dans un jardin, au lever du soleil,
Que l'aurore vermeille avec ses doigts de roses
Avoit semé de fleurs nouvellement écloses;
Là, sur les bords charmants d'un superbe canal,
Qui reçoit dans son sein un torrent de cristal,
Où cent flots écumants et tombant en cascades,
Semblent être poussés par autant de Naïades;
Là, dis-je, reposant sur un lit de roseaux,
Je vous vois sur un char sortir du fond des eaux :
Vous aviez de Vénus et l'habit et la mine;
Cent mille amours poussoient une conque marine;
Et les Zéphyrs badins, volant de toutes parts,
Faisoient au gré des airs flotter des étendards.

FINETTE.

Ah ciel! le joli rêve!

ARAMINTE.

Achevez, je vous prie.

LE CHEVALIER.

Mon ame, à cet aspect d'étonnement saisie...

ARAMINTE.

Et j'étois la Vénus flottant sur ce canal!

LE CHEVALIER.

Oui, madame, vous-même en propre original.
L'esprit donc enchanté d'un si noble spectacle,
Je me suis avancé près de vous sans obstacle.

ARAMINTE.

De grace, dites-moi, parlant sincèrement,
Sous l'habit de Vénus avois-je l'air charmant,
Le port noble et divin ?

LE CHEVALIER.

                    Le plus divin du monde :
Vous sentiez la déesse une lieue à la ronde.
M'étant donc avancé pour vous donner la main,
Le jardin à mes yeux a disparu soudain ;
Et je me suis trouvé dans une grotte obscure,
Que l'art embellissoit ainsi que la nature.
Là, dans un plein repos, et couronné de fleurs,
Je vous persuadois de mes vives douleurs :
Vous vous laissiez toucher d'une bonté nouvelle,
Et preniez de Vénus la douceur naturelle,
Lorsque, par un malheur qui n'a point de pareil,
Mon valet en entrant a causé mon réveil.

ARAMINTE.

Je suis au désespoir de cette circonstance :
Et voilà des valets l'ordinaire imprudence !
Toujours mal à propos ils viennent nous trouver.

LE CHEVALIER.

Mon songe n'est pas fait, et je veux l'achever.

ARAMINTE.

D'accord : mais je voudrois que, pour vous satisfaire
Votre bonheur toujours ne fût pas en chimère,
Et qu'un heureux hymen entre nous concerté
Pût donner à vos feux plus de réalité.

REGNARD IV.                     5

Mais j'en crains le retour, dans le siècle où nous sommes
Le dégoût dans l'hymen est naturel aux hommes ;
Et la possession souvent du premier jour
Leur ôte tout le sel et le goût de l'amour.

LE CHEVALIER.

Ah ! madame, pour vous mon amour est extrême :
Je sens qu'il doit aller par-delà la mort même ;
Et si, par un malheur que je n'ose prévoir,
Votre mort... Ah ! grands dieux ! quel affreux désespoir !
Mon ame, en y pensant, de douleur possédée...

ARAMINTE.

Rejetons loin de nous cette funeste idée ;
Et, pour mieux célébrer le plaisir du retour,
Je veux que nous dînions ensemble dans ce jour
J'ai fait dès ce matin inviter une amie ;
Et vous augmenterez la bonne compagnie.

LE CHEVALIER.

Madame, cet honneur m'est bien avantageux.
Une affaire à présent m'arrache de ces lieux :
Pour revenir plus tôt je pars en diligence.

ARAMINTE.

Allez. Je vous attends avec impatience.

LE CHEVALIER.

Ici dans un moment je reviens sur mes pas.

# SCÈNE IV

## ARAMINTE, FINETTE.

ARAMINTE.

L'AMOUR qu'il a pour moi ne s'imagine pas :
Mais, en revanche aussi, je l'aime à la folie.
Comment le trouves-tu ?

FINETTE.
Sa figure est jolie.
Son valet Valentin n'est pas mal fait aussi :
Nous nous aimons un peu.

# SCÈNE V.

## DÉMOPHON, ARAMINTE, FINETTE.

FINETTE.
Mais quelqu'un vient ici;
C'est Démophon.

DÉMOPHON.
Bon jour, ma sœur.

ARAMINTE.
Bon jour, mon frère.

DÉMOPHON.
Bon jour. J'allois chez vous pour vous parler d'affaire.

ARAMINTE.
Ici comme chez moi vous pouvez m'ennuyer.

DÉMOPHON.
Votre nièce Isabelle est d'âge à marier;
Et monsieur Robertin, dont je connois le zèle,
A su me ménager un bon parti pour elle;
Un jeune homme doué d'esprit et de vertus,
Possédant, qui plus est, soixante mille écus
D'un oncle qui l'a fait unique légataire,
Dont ledit Robertin est le dépositaire :
Et j'apprends, par les mots du billet que voici,
Que cet homme en ce jour doit arriver ici.

ARAMINTE.
J'en suis vraiment fort aise.

DÉMOPHON.

            Or donc, ce mariage
Étant pour la famille un fort grand avantage,
Et vous voyant déjà, ma sœur, sur le retour,
N'ayant, comme je crois, nul penchant pour l'amour,
Je me suis bien promis qu'en faveur de l'affaire
Vous feriez de vos biens donation entière,
Vous gardant l'usufruit jusques à votre mort.

ARAMINTE.

Jusqu'à ma mort! Vraiment, ce projet me plaît fort!
Vous vous êtes promis, il faut vous dépromettre.
L'âge, comme je crois, peut encore me permettre
D'aspirer à l'hymen, et d'avoir des enfants.

DÉMOPHON.

Vous moquez-vous, ma sœur? vous avez cinquante ans,

ARAMINTE.

Moi! j'ai cinquante ans! moi! Finette?

FINETTE.

                      Quels reproches!
Hélas! on n'est jamais trahi que par ses proches!
A cause que madame a vécu quelque temps,
On ne la croit plus jeune! Il est de sottes gens!

DÉMOPHON.

Ma sœur, dans mon calcul je crois vous faire grace;
Et je raisonne ainsi : J'en ai cinquante et passe :
Vous êtes mon aînée; *ergo*, dans un seul mot,
Vous voyez si j'ai tort.

ARAMINTE.

             Votre *ergo* n'est qu'un sot;
Et je sais fort bien, moi, que cela ne peut être.
Ma jeunesse à mon teint se fait assez connoître.
Ce que je puis vous dire en termes clairs et nets,

C'est qu'il faut de mon bien vous passer pour jamais ;
Que je me porte mieux que tous tant que vous êtes ;
Que, malgré les complots qu'en votre ame vous faites.
Je prétends enterrer, avec l'aide de Dieu,
Les enfants que j'aurai, vous et ma nièce. Adieu.
C'est moi qui vous le dis, m'entendez-vous, mon frère ?
Allons, Finette, allons.

*( elle sort. )*

## SCÈNE VI.

### FINETTE, DÉMOPHON.

#### DÉMOPHON.

Le joli caractère !

#### FINETTE.

Monsieur, une autre fois, ou bien ne parlez pas,
Ou prenez, s'il vous plaît, de meilleurs almanachs.
Ma maîtresse est encor, malgré vous, jeune et belle ;
Et tous les connoisseurs vous la soutiendront telle.

## SCÈNE VII.

#### DÉMOPHON.

Je jugeois à peu près quels seroient ses discours ;
Et j'ai fort prudemment cherché d'autres secours.
Allons voir le notaire, et prenons des mesures
Pour rendre, s'il se peut, les affaires bien sûres.
Si l'homme en question est tel qu'on me l'a dit,
Terminons au plus tôt l'hymen dont il s'agit.

FIN DU PREMIER ACTE.

# ACTE SECOND.

## SCÈNE I.

### LE CHEVALIER, VALENTIN.

#### VALENTIN.

VOTRE frère est trouvé, mais ce n'est pas sans peine;
Vous m'en voyez, monsieur, encor tout hors d'haleine.
J'avois couru Paris de l'un à l'autre bout,
Au coche, au messager, à la poste, et par-tout;
Et je vous avertis que je n'ai passé rue
Où quelque créancier ne m'ait choqué la vue:
J'ai même rencontré ce Gascon, ce marquis,
A qui depuis un an nous devons cent louis...

#### LE CHEVALIER.

J'ai honte de devoir si long-temps cette somme:
Il me l'a, tu le sais, prêtée en galant homme;
Et du premier argent que je pourrai toucher
De m'acquitter vers lui rien ne peut m'empêcher.

#### VALENTIN.

Tant mieux. Ne sachant plus enfin quel parti prendre,
A la douane encor j'ai bien voulu me rendre;
Là, j'ai vu votre frère au milieu des commis,
Qui s'emportoit contre eux du *quiproquo* commis.
Je l'ai connu de loin; et cette ressemblance,
Dont vous m'avez parlé, passe toute croyance;
Le visage et les traits, l'air et le ton de voix,

Ce n'est qu'un; je m'y suis trompé plus d'une fois.
Son esprit, il est vrai, n'est pas semblable au vôtre;
Il est brusque, impoli; son humeur est tout autre;
On voit bien qu'il n'a pas goûté l'air de Paris;
Et c'est un franc Picard qui tient de son pays.

LE CHEVALIER.

On doit peu s'étonner de cet air de rudesse
Dans un provincial nourri sans politesse;
Et ce n'est qu'à Paris que l'on perd aujourd'hui
Cet air sauvage et dur qui règne encore en lui.

VALENTIN.

De loin, comme j'ai dit, j'observois sa querelle;
Et quand il est sorti, j'ai fait briller mon zèle;
J'ai flatté son esprit; enfin, j'ai si bien fait,
Qu'il veut, comme je crois, me prendre pour valet.
Il s'est même informé pour une hôtellerie.
Moi, dans les hauts projets dont mon âme est remplie,
J'ai d'abord enseigné l'auberge que voici.
Il doit dans un moment me venir joindre ici.

LE CHEVALIER.

Quels sont ces hauts projets dont ton âme est charmée?

VALENTIN.

La fortune aujourd'hui me paroît désarmée.
Tantôt, chemin faisant, j'ai cru, sans me flatter,
Que de la ressemblance on pourroit profiter
Pour obtenir plus tôt Isabelle du père;
Et tirer, qui plus est, cet argent du notaire:
Ce seroient deux beaux coups à la fois.

LE CHEVALIER.

Oui, vraiment.

VALENTIN.

Cela pourroit peut-être arriver aisément.

À notre campagnard nous donnerions la tante;
Pour vous seroit la nièce, et pour moi la suivante.

LE CHEVALIER.

Mais comment ferions-nous, dans ce hardi dessein,
Pour mettre promptement cette affaire en bon train?

VALENTIN.

Il faut premièrement quitter cette parure,
Prendre d'un héritier l'habit et la figure;
L'air entre triste et gai. Le deuil vous sied-il bien!

LE CHEVALIER.

Si c'est comme héritier, ma foi, je n'en sais rien;
Jamais succession ne m'est encor venue.

VALENTIN.

Faites bien le dolent à la première vue:
Imposez au notaire; et soyez diligent
Autant que vous pourrez à toucher cet argent.

LE CHEVALIER.

J'ai de tromper mon frère au fond quelque scrupule.

VALENTIN.

Quelle délicatesse et vaine et ridicule!
Nantissez-vous de tout, sans rien mettre au hasard;
Après à votre gré vous lui ferez sa part.
S'il tenoit cet argent, il se pourroit bien faire
Qu'il n'auroit pas pour vous un si bon caractère.

LE CHEVALIER.

Si pour ce bien offert tu me vois quelque ardeur,
C'est pour mieux mériter Isabelle et son cœur.
Je l'adore, et je puis te dire en confidence
Qu'elle ne me voit pas avec indifférence:
Son père n'en sait rien, et ne me connoît pas;
Pour l'obtenir de lui je n'ai fait aucun pas;

Et n'ayant pour tout bien que la cape et l'épee,
Toute mon espérance auroit été trompée.
Quelque raison encor m'arrête en ce moment.

VALENTIN.

Quelle est-elle ?

LE CHEVALIER.

J'ai pris certain engagement,
Et promis pas écrit d'épouser Araminte.

VALENTIN.

Sur cet engagement bannissez votre crainte.
Bon ! si l'on épousoit autant qu'on le promet,
On se marieroit plus que la loi ne permet.
Allons au fait. Pour mettre en état notre affaire,
Il faut être vêtu comme l'est votre frère :
Il porte le grand deuil ; son linge est effilé ;
Un baudrier noué d'un crêpe entortillé :
Sa perruque de peu diffère de la vôtre ;
Ainsi vous n'aurez pas besoin d'en prendre une autre.
Allez vous encrêper sans perdre un seul instant.

LE CHEVALIER.

Pour dîner avec elle Araminte m'attend.

VALENTIN.

Vous avez maintenant bien autre chose à faire ;
Vous dînerez demain. Je crois voir votre frère
Il vient de ce côté, je ne me trompe pas ;
Vous, de cet autre-ci marchez, doublez le pas.

LE CHEVALIER.

Mais, dis-moi cependant...

VALENTIN.

Je n'ai rien à vous dire ;
De tout dans un moment je saurai vous instruire.

5.

# SCÈNE II.

MÉNECHME, *en deuil*; VALENTIN.

VALENTIN.

A la fin vous voilà, monsieur. Depuis long-temps,
Pour tenir ma parole, ici je vous attends.

MÉNECHME.

Oui vraiment me voilà; mais j'ai cru de ma vie
Ne pouvoir arriver à votre hôtellerie.
Quel pays! quel enfer! J'ai fait cent mille tours;
Je n'ai jamais couru tant de risque en mes jours.
On ne peut faire un pas que l'on ne trouve un piège.
Par-tout quelque filou m'investit et m'assiège:
Là, l'épée à la main, des archers malfaisants,
Conduisant leur capture, insultent les passants;
Un fiacre, me couvrant d'un déluge de boue,
Contre le mur voisin m'écrase de sa roue;
Et, voulant me sauver, des porteurs inhumains
De leur maudit bâton me donnent dans les reins.
Quel bruit confus! quels cris! Je crois qu'en cette ville
Le diable a pour jamais élu son domicile.

VALENTIN.

Oh! Paris est un lieu de tumulte et d'éclat.

MÉNECHME.

Comment! j'aimerois mieux cent fois être au sabbat;
Un bois plein de voleurs est plus sûr. Ma valise,
Contre la foi publique, en arrivant, m'est prise,
On la change en une autre, où ce qui fut dedan
A le bien estimer, ne vaut pas quinze francs;
Des billets doux de femme y sont pour toutes hardes.

VALENTIN.

Il faut en ce pays être un peu sur ses gardes.

MÉNECHME.

Je ne le vois que trop. Suffit, ce coup de main
Me rendra désormais plus alerte et plus fin.
Heureusement encor, laissant ma malle au coche,
J'ai mis fort prudemment mon argent dans ma poche.

VALENTIN.

En toute occasion on voit les gens d'esprit.
Je vous ai dans ce lieu fait préparer un lit
Dans un appartement fort propre et fort tranquille.
Comptez-vous de rester long-temps en cette ville ?

MÉNECHME.

Le moins que je pourrai; je n'ai pas trop sujet
De me louer fort d'elle, et d'être satisfait :
Je viens m'y marier.

VALENTIN.

C'est pourtant une affaire
Que l'on ne conclut pas en un jour, d'ordinaire.

MÉNECHME.

J'y viens pour prendre aussi soixante mille écus,
Qu'un oncle que j'avois, et qu'enfin je n'ai plus,
Attendu qu'il est mort, par grace singulière
M'a laissé depuis peu comme à son légataire

VALENTIN.

Tout est-il pour vous seul, monsieur?

MÉNECHME.

Assurément.

La guerre m'a défait d'un frère heureusement;
Depuis près de vingt ans, à la fleur de son âge,
Il a de l'autre monde entrepris le voyage,
Et n'est point revenu.

VALENTIN.

Le ciel lui fasse paix,
Et dans tous vos desseins vous donne un plein succès!
Si vous avez besoin de mon petit service,
Vous pouvez m'employer, monsieur, à tout office:
Je connois tout Paris, et je suis toujours prêt
A servir mes amis sans aucun intérêt.

MÉNECHME.

Ne sauriez-vous me dire où loge un certain homme,
Un honnête bourgeois, que Démophon l'on nomme?

VALENTIN.

Démophon?

MÉNECHME.

Justement, c'est ainsi qu'il a nom.

VALENTIN.

Qui peut vous enseigner mieux que moi sa maison?
Nous irons. Avez-vous avec lui quelque affaire?

MÉNECHME.

Oui. Sauriez-vous encore où demeure un notaire
Qu'on nomme Robertin?

VALENTIN.

Ah! vraiment, je le croi;
Vous ne pouvez pas mieux vous adresser qu'à moi;
Il est de mes amis, et nous irons ensemble.

# SCÈNE III.

## FINETTE, VALENTIN, MÉNECHME.

VALENTIN, à part.

Mais j'aperçois Finette. Ah! juste ciel! je tremble
Qu'elle ne vienne ici gâter ce que j'ai fait.

FINETTE, *à Valentin.*

Que diantre fais-tu là planté comme un piquet ?
Le dîner se morfond ; ma maîtresse s'ennuie.

( *apercevant Ménechme, qu'elle prend pour le*
*Chevalier.* )

Ah ! vous voilà, monsieur ! vraiment, j'en suis ravie.

MÉNECHME.

Et pourquoi donc ?

FINETTE.

J'allois au-devant de vos pas
Voir qui peut empêcher que vous ne venez pas :
Ma maîtresse ne peut en deviner la cause.
Mais qu'est-ce donc, monsieur ? quelle métamorphose !
Pourquoi cet habit noir, et ce lugubre accueil ?
En peu de temps, vraiment, vous avez pris le deuil.
Faut-il, pour un dîner, s'habiller de la sorte ?
Venez-vous d'un convoi, monsieur ?

MÉNECHME.

Que vous importe ?
( *à part, à Valentin.* )
Je suis comme il me plaît. Les filles en ces lieux
Ont l'abord familier, et l'esprit curieux.

VALENTIN, *bas, à Ménechme.*

C'est l'humeur du pays ; et, sans beaucoup d'instance,
Avec les étrangers elles font connoissance.

FINETTE.

Mon zèle de ces soins ne peut se dispenser ;
A ce qui vous survient je dois m'intéresser :
Ma maîtresse a pour vous une tendresse extrême,
Et je dois l'imiter.

MÉNECHME.

Votre maîtresse m'aime ?

FINETTE.

Ne le savez-vous pas?

MÉNECHME.

Je veux être pendu
Si jusques à ce jour j'en ai jamais rien su.

FINETTE.

Vous en avez pourtant déjà fait quelque épreuve,
Et, si vous en voulez de plus solide preuve,
Quand vous souhaiterez vous serez son époux.

MÉNECHME.

Je serai son époux?

FINETTE.

Oui, vraiment.

MÉNECHME.

Qui? moi?

FINETTE.

Vous.

Vous n'avez pas, je crois, d'autre dessein en tête.

MÉNECHME.

La proposition est, ma foi, fort honnête!
*( à part, à Valentin. )*
Voilà, sur ma parole, une agente d'amour.

VALENTIN, *bas, à Ménechme.*

Elle en a bien la mine.

FINETTE.

Avant votre retour
Mille amants sont venus s'offrir à ma maîtresse;
Mais Ménechme est le seul qui flatte sa tendresse.

MÉNECHME.

D'où savez-vous mon nom?

FINETTE.

D'où vous savez le mien.

MÉNECHME.

D'où je sais le vôtre ?

FINETTE.

Oui.

MÉNECHME.

Je n'en sus jamais rien :
Je ne vous connois point.

FINETTE.

A quoi bon cette feinte ?
Je me nomme Finette ; et sers chez Araminte ;
Et plus de mille fois je vous ai vu chez nous.

MÉNECHME.

Vous servez chez elle ?

FINETTE.

Oui.

MÉNECHME.

Ma foi, tant pis pour vous.
Je ne m'y connois pas, ou bien, sur ma parole,
Vous êtes là, m'amie, en très mauvaise école.

FINETTE.

Laissons ce badinage. En un mot, comme en cent,
Ma maîtresse à dîner chez elle vous attend.
Pour vous faire trouver meilleure compagnie,
Elle a, dans ce repas, invité son amie,
Belle et de bonne humeur, qui loge en son quartier.

MÉNECHME.

Votre maîtresse fait un fort joli métier !

FINETTE, bas, à Valentin.

Mais parle-moi donc, toi : quelle vapeur nouvelle
A pu dans un moment déranger sa cervelle ?

VALENTIN, bas, à Finette.

Depuis un certain temps il est assez sujet

A des distractions, dont tu peux voir l'effet;
Il me tient quelquefois un discours vain et vague
A tel point qu'on diroit souvent qu'il extravague.

FINETTE.

Tantôt il paroissoit assez sage; et peut-on
Perdre en si peu de temps et mémoire et raison?
( à Ménechme. )
Voulez-vous de bon sens me dire une parole

MÉNECHME.

Mais vous-même, m'amie, êtes-vous ivre ou folle
De me baliverner avec vos contes bleus,
Et me faire enrager depuis une heure ou deux?
Qu'est-ce qu'une Araminte, un objet qui m'adore,
Une amie, un dîner, et cent discours encore,
Tous plus sots l'un que l'autre, à quoi l'on ne comprenz
Non plus qu'à de l'algèbre, ou bien à l'alcoran?

FINETTE.

Vous ne voulez donc pas être plus raisonnable,
Ni dîner au logis?

MÉNECHME.

Non, je me donne au diable;
Votre maîtresse ailleurs, en ses nobles projets,
Peut à d'autres oiseaux tendre ses trébuchets.
Et vous, son émissaire, et son honnête agente,
C'est un vilain emploi que celui d'intrigante;
Quelque malheur enfin vous en arrivera,
Je vous en avertis; quittez ce métier-là;
Faites votre profit de cette remontrance.

FINETTE.

Nous verrons si dans peu vous aurez l'insolence
De faire à ma maîtresse un discours aussi sot :
Je vais lui dire tout, sans oublier un mot.

( à Valentin. )

Adieu, digne valet d'un trop indigne maître :

J'espère que dans peu nous nous ferons connoître.

.( à part. )

Je ne le connois plus, et ne sais où j'en suis.

# SCÈNE IV.

## MÉNECHME, VALENTIN.

### MÉNECHME.

QUELLE ville, bon dieu ! quel étrange pays !

On me l'avoit bien dit que ces femmes coquettes

Pour faire réussir leurs pratiqués secrètes ,

Des nouveaux débarqués s'informoient avec soin,

Pour leur dresser après quelque piège au besoin.

### VALENTIN.

Au coche elle aura pu savoir comme on vous nomme,

Et que vous arrivez pour toucher une somme.

### MÉNECHME.

Justement, c'est de là qu'elle a pu le savoir :

Mais contre leurs complots j'ai su me prévaloir ;

Et si de m'attraper quelqu'un se met en tête,

il ne faut pas, ma foi, que ce soit une bête.

### VALENTIN.

Ne restons pas, monsieur, en ce lieu plus long-temps :

Les femmes à Paris ont des attraits tentants ,

Où les cœurs les plus fiers enfin se laissent prendre.

### MÉNECHME.

Votre conseil est bon ; entrons sans plus attendre.

# SCÈNE V.

ARAMINTE, FINETTE, MÉNECHME, VALENTIN

ARAMINTE, *à Finette.*

Non, je ne croirai point ce que tu me dis là.

FINETTE.

Vous verrez si je mens : parlez-lui, le voila.

ARAMINTE, *à Ménechme , qu'elle prend pour le Chevalier.*

Tandis que de vous voir je meurs d'impatience,
Vous témoignez, monsieur, bien de l'indifférence.
Le dîner vous attend ; et vous savez, je crois,
Que je n'ai de plaisir que lorsque je vous vois.

MÉNECHME.

En vérité, madame, il faut que je vous dise...
Que je suis fort surpris... et que dans ma surprise...
Je trouve surprenant... Je ne m'attendois pas
A voir ce que je vois... Car enfin vos appas,
Quoiqu'un peu... dérangés... pourroient bien me confondre.
( *à part.* )
Si, d'ailleurs... Par ma foi, je ne sais que répondre.

ARAMINTE.

Le trouble où je vous vois, ce noir déguisement,
Ne m'annoncent-ils point de triste évènement ?
Vous est-il survenu quelque mauvaise affaire ?
Parlez, mon cher enfant ; daignez ne me rien taire :
Vous êtes-vous battu ?

MÉNECHME.

Jamais je ne me bats.

ARAMINTE.

Tout mon bien est à vous, et ne l'épargnez pas.

Quand on s'aime, et qu'on a pour but de chastes chaînes,
Tout le bien et le mal, les plaisirs et les peines,
Tout, entre deux amants, ne doit devenir qu'un.
Il faut mettre nos maux et nos biens en commun ;
Et je veux avec vous courir même fortune.

MÉNECHME.

Je vous suis obligé de vous voir si commune ;
Mais je n'userai point de la communauté
Que vous m'offrez, madame, avec tant de bonté.

ARAMINTE.

Mais je ne comprends point quels discours sont les vôtres.

FINETTE.

Bon ! madame, il m'en a tantôt tenu bien d'autres.

VALENTIN, *bas, à Araminte.*

Dans ses discours, parfois, il est impertinent.

ARAMINTE.

Entrons donc pour dîner.

MÉNECHME.

                Je ne puis maintenant ;
J'ai quelque affaire ailleurs.

ARAMINTE.

                    J'ai tort de vous contraindre ;
Mais de votre froideur j'ai sujet de tout craindre.

MÉNECHME.

Quel diantre de discours ! Passez, et laissez-nous.
Je n'ai jamais senti ni froid ni chaud pour vous.

FINETTE.

Eh bien ! peut-on plus loin porter l'impertinence ?
Ferme, monsieur, ici poussez bien l'insolence ;
Mais, ma foi, si jamais chez nous vous revenez,
Je vous fais de la porte un masque sur le nez.

**MÉNECHME.**

Quand j'irai, je consens, pour punir ma folie,
Que la porte sur moi se brise, et m'estropie.

**ARAMINTE.**

Mais d'où venez-vous donc ? Ne me déguisez rien.

**MÉNECHME.**

Vous feignez l'ignorer ; mais vous le savez bien.
N'avez-vous pas tantôt envoyé voir au coche
Qui je suis, d'où je viens, où je vais ?

**ARAMINTE.**

Quel reproche !
Et de quel coche ici me venez-vous parler ?

**MÉNECHME.**

Du coche le plus rude où mortel puisse aller ;
Et je ne pense pas que de Paris à Rome
Un autre, quel qu'il soit, cahote mieux son homme.

**ARAMINTE.**

Finette, il perd l'esprit.

**FINETTE.**

Il ne perd pas beaucoup.
Il faut assurément qu'il ait trop bu d'un coup ;
C'est le vin qui le porte à ces extravagances.

**MÉNECHME.**

Je suis las, à la fin, de tant d'impertinences.
Des soins plus importants me mettent en souci :
C'est pour les terminer que l'on me voit ici,
Et non pas pour dîner avec des créatures
Qui viennent comme vous chercher des aventures.

**ARAMINTE.**

Des créatures ! ciel ! quels termes sont-ce là ?

**FINETTE.**

Des créatures ! nous ! Ah ! madame, voilà

Les deux plus grands fripons... Si vous m'en voulez croire,
Frottons-les comme il faut, pour venger notre gloire.

MÉNECHME.

Doucement, s'il vous plaît; modérez votre ardeur.

FINETTE.

Je ne me suis jamais senti tant de vigueur.
J'aurai soin du valet; n'épargnez pas le maître.

VALENTIN, *se sauvant.*

De tout ce différent je ne veux rien connoître;
Et je ne prétends point me battre contre toi.
Si l'on vous brutalise, est-ce ma faute à moi?

ARAMINTE.

Que je suis malheureuse! et quelle est ma foiblesse
D'avoir à cet ingrat déclaré ma tendresse!
Finette, tu le sais; rien ne te fut caché.

FINETTE.

Perfide! scélérat! ton cœur n'est point touché?

MÉNECHME.

Là, là, consolez-vous. Si cet amour extrême
Est venu promptement, il passera de même.

ARAMINTE.

Va, n'attends plus de moi que haine et que rigueurs.

*( elle s'en va. )*

MÉNECHME.

Bon : je me passerai fort bien de vos faveurs.

# SCÈNE VI.

FINETTE, MÉNECHME, VALENTIN.

FINETTE, *à Ménechme.*

Ah! maudit renégat, le plus méchant du monde!
Que le ciel te punisse, et l'enfer te confonde!

Si nous avions bien fait nous t'aurions étranglé.

Il faut assurément qu'on l'ait ensorcelé;

Et ce n'est plus lui-même.

(*Finette sort, Ménechme la suit, et s'arrête à l'entrée d'une rue.*)

MÉNECHME, *à Finette, et à Araminte qu'il suit des yeux.*

Adieu donc, mes princesses;

Choisissez mieux vos gens pour placer vos tendresses.

# SCÈNE VII.

## MÉNECHME, VALENTIN.

MÉNECHME, *revenant, à Valentin.*

MAIS voyez quelle rage et quel déchaînement!

J'ai senti cependant un tendre mouvement;

Le diable m'a tenté. J'ai trouvé la suivante

D'un minois revenant, et fort appétissante.

VALENTIN.

Vous avez jusqu'au bout bravement combattu;

Et l'on ne peut assez louer votre vertu.

Mais entrons au plus tôt dans cette hôtellerie,

Pour n'être plus en butte à quelque brusquerie.

Là, si vous me jugez digne de quelque emploi,

Vous pourrez m'occuper, et vous servir de moi.

MÉNECHME.

Je brûle cependant d'aller voir ma maîtresse;

Un désir curieux plus que l'amour me presse.

VALENTIN.

Lorsque vous aurez fait un tour dans la maison,

Je vous y conduirai, si vous le trouvez bon.

MÉNECHME.

Adieu; jusqu'au revoir.

# SCÈNE VIII

## VALENTIN.

Je vais trouver mon maître,
Savoir en quel état les choses peuvent être;
S'il agit de sa part; s'il a bon air en deuil.
Courage, Valentin; ferme, bon pied, bon œil.

FIN DU SECOND ACTE.

# ACTE TROISIÈME.

—

## SCÈNE I.

LE CHEVALIER, *vêtu en deuil*; VALENTIN.

### VALENTIN.

Rien n'est plus surprenant; et votre ressemblance
Avec votre jumeau passe la vraisemblance.
Vous et lui, ce n'est qu'un : étant vêtu de deuil;
Il n'est homme à présent dont vous ne trompiez l'œil.
On ne peut distinguer qui des deux est mon maître;
Et moi, votre valet, j'ai peine à vous connoître.
Pour ne pas m'y tromper souffrez que de ma main
Je vous attache ici quelque signe certain.
Donnez-moi ce chapeau.

### LE CHEVALIER.

Qu'en prétends-tu donc faire?

VALENTIN, *mettant une marque au chapeau.*

Vous marquer de ma marque, ainsi que votre père,
Pour vous mieux distinguer, faisoit fort prudemment.

### LE CHEVALIER.

Tu veux rire, je crois?

### VALENTIN.

Je ne ris nullement;
Et je pourrois fort bien le premier m'y méprendre.

### LE CHEVALIER.

Le notaire à ces traits s'est déjà laissé prendre.

Il m'a reçu d'abord d'un accueil obligeant ;
Et dans une heure il doit me compter mon argent.

LE VALENTIN.

Quoi ! monsieur, il vous doit compter toute la somme,
Soixante mille écus ?

LE CHEVALIER.

Tout autant.

VALENTIN.

L'honnête homme !
D'autres à ce jumeau se sont déjà mépris :
Pour vous, en ce lieu même, Araminte l'a pris,
Et chez elle à dîner a voulu l'introduire.
Lui, surpris, interdit, et ne sachant que dire,
Croyant qu'elle tendoit un piège à sa vertu,
L'a brusquement traitée ; il s'est presque battu ;
Et, si je n'avois pas apaisé la querelle,
Il seroit arrivé mort d'homme ou de femelle.

LE CHEVALIER.

Mais n'a-t-il point sur moi quelques soupçons naissants ?

VALENTIN.

Quel soupçon voulez-vous qu'il ait ? depuis vingt ans
Il vous croit trop bien mort ; et jamais, quoi qu'on ose,
Il ne peut du vrai fait imaginer la cause.

LE CHEVALIER.

L'aventure est plaisante, et j'en ris à mon tour.
Mais voyons le beau-père, et servons notre amour.
Heurte vite.

( *Valentin va frapper à la porte de Démophon,*
*qui sort.* )

6

# SCÈNE II.

## DÉMOPHON, LE CHEVALIER, VALENTIN.

VALENTIN, à *Démophon.*

Êtes-vous, monsieur, un honnête homme
Appelé Démophon?

DÉMOPHON.

C'est ainsi qu'on me nomme.

VALENTIN.

Je me réjouis fort de vous avoir trouvé.
Voilà mon maître ici fraîchement arrivé,
Qui se nomme Ménechme et qui vient de Péronne
A dessein d'épouser votre fille en personne.

DÉMOPHON, *au chevalier.*

Ah ! monsieur, permettez que cet embrassement
Vous fasse voir l'excès de mon contentement.

LE CHEVALIER.

Souffrez aussi, monsieur, qu'une pareille joie
Dans cet embrassement à vos yeux se déploie,
Et que tout le respect ici vous soit rendu
Que doit à son beau-père un gendre prétendu.

DÉMOPHON.

Votre taille, votre air, votre esprit, tout m'enchante;
Et mon ame seroit entièrement contente
Si votre oncle défunt, que je voyois souvent,
Pour voir cette alliance étoit encor vivant.

LE CHEVALIER.

Ah ! monsieur, n'allez pas rappeler de sa cendre
Un oncle que j'aimois d'une amitié bien tend;
Ce garçon vous dira l'excès de mes douleurs,
Et combien à sa mort j'ai répandu de pleurs.

**VALENTIN.**

Qu'à son âme le ciel fasse miséricorde !
Mais nous parler de lui, c'est toucher une corde
Bien triste... et qui pourroit... Mais il étoit bien vieux.

**DÉMOPHON.**

Mais point trop : nous étions de même âge tous deux,
Cinquante ans environ.

**VALENTIN.**

Ce mot se peut entendre
En diverses façons, suivant qu'on le veut prendre.
Je dis qu'il étoit vieux pour son peu de santé ;
Il se plaignoit toujours de quelque infirmité.

**DÉMOPHON.**

Point du tout ; et je crois que dans toute sa vie,
Il ne fut attaqué que de la maladie
Qui causa de sa mort le funeste accident.

**LE CHEVALIER.**

C'étoit un corps de fer.

**VALENTIN.**

Il est vrai... cependant...

**LE CHEVALIER,** *bas, à Valentin.*

Tais-toi donc.

**DÉMOPHON.**

Ce discours peut rouvrir votre plaie ;
Prenons une matière et plus vive et plus gaie
Vous allez voir ma fille ; et j'ose me flatter
Que son air et ses traits pourront vous contenter.

**LE CHEVALIER.**

Il faudra que pour moi le devoir sollicite ;
Je compte, en vérité, bien peu sur mon mérite.

DÉMOPHON.

Vous avez très grand tort; vous devez y compter;
Et du premier coup d'œil vous saurez l'enchanter.
Je me connois en gens, croyez-en ma parole;
Et de plus Isabelle est une cire molle
Que je forme et pétris comme il me prend plaisir.
Quand vous ne seriez pas au gré de son désir
(Ce qui me tromperoit bien fort), je suis son père.
Et, pour voir à mes lois combien elle défère,
Mettez-vous à l'écart, je m'en vais l'appeler;
Et, sans être aperçu, vous l'entendrez parler.

*( il entre chez lui. )*

# SCÈNE III.

## LE CHEVALIER, VALENTIN,

LE CHEVALIER.

LAISSE-MOI seul ici; va-t'en trouver mon frère:
Empêche-le sur-tout d'aller chez le notaire;
C'est le point principal.

VALENTIN.

J'en demeure d'accord;
Mais je ne pourrai pas, dans son ardent transport,
L'empêcher de venir ici voir sa maîtresse:
Ainsi je suis d'avis, quelque ardeur qui vous presse
Que vous soyez succinct en discours amoureux.

LE CHEVALIER.

Va vite; je ne suis qu'un moment en ces lieux.

## SCÈNE IV

DÉMOPHON, ISABELLE; LE CHEVALIER,
*à l'écart.*

DÉMOPHON.

IsABELLE, approchez..

ISABELLE.

Que voulez-vous, mon père?

DÉMOPHON.

Vous dire quatre mots, et vous parler d'affaire.
Un homme de province, assez bien fait pourtant,
Doit pour vous épouser arriver à l'instant.

ISABELLE, *à part.*

Qu'entends-je?

DÉMOPHON.

Ce parti vous est fort convenable,
La naissance, le bien, tout m'est très agréable;
Et la personne aussi sera de votre goût.

ISABELLE.

Mon père, sans pousser ce discours jusqu'au bo'
Permettez-moi de dire, avecque déférence,
Et sans vouloir pour vous manquer d'obéissance,
Que je ne prétends point me marier.

DÉMOPHON.

Comment?
D'où vous vient pour l'hymen ce brusque éloignement?
Vous n'avez pas tenu toujours un tel langage.

ISABELLE.

Il est vrai; mais enfin l'esprit vient avec l'âge.
J'en connois les dangers. Aujourd'hui les époux
Sont tous, pour la plupart, inconstants ou jaloux;

Regnard.                                6.

Ils veulent qu'une femme épouse leurs caprices :
Les plus parfaits sont ceux qui n'ont que peu de vices

DÉMOPHON.

Celui-ci te plaira, quand tu l'auras connu.

ISABELLE.

Quel qu'il soit, je le hais avant de l'avoir vu ;
Il suffit que ce soit un homme de province ;
Et je n'en voudrois pas, quand ce seroit un prince.

LE CHEVALIER, se montrant.

Madame, il ne faut pas si fort se déchaîner
Contre le malheureux que l'on veut vous donner :
Si vous le haïssez, il s'en peut trouver d'autres
De qui les sentiments différeront des vôtres.

ISABELLE, à part.

Que vois-je ! juste ciel ! et quel étonnement :
C'est Ménechme, grands dieux ! c'est lui, c'est mon amant.

DÉMOPHON, au chevalier.

Je suis au désespoir qu'un dégoût téméraire
Ait rendu son esprit à mes lois si contraire :
Mais je l'obligerai, si vous le souhaitez...

LE CHEVALIER.

Non ; ne contraignons point, monsieur, ses volontés :
J'aimerois mieux mourir que d'obliger madame
A faire quelque effort qui contraignît son ame.

DÉMOPHON.

Regarde le parti qui t'étoit destiné ;
Un époux fait à peindre, un jeune homme bien né,
Dont l'esprit est égal au bien, à la naissance.

LE CHEVALIER.

J'avois tort de porter si haut mon espérance.

ISABELLE.

Quoi ! c'est là le parti que vous me proposiez ?

DÉMOPHON.

Eh ! oui ! si dans mon choix vous ne me traversiez,
Si votre sot dégoût et vos folles pensées
Ne rompoient mes desseins et toutes mes visées.

ISABELLE.

A ne vous point mentir, depuis que je l'ai vu,
Mon cœur n'est plus si fort contre lui prévenu.

DÉMOPHON.

Vous voyez ce que fait l'autorité d'un père.

LE CHEVALIER.

Vous n'avez plus pour moi cette haine sévère,
Et votre œil sans dédain s'accoutume à me voir ?

ISABELLE.

Mon père me l'ordonne, et je suis mon devoir.

# SCÈNE V.

## ARAMINTE, LE CHEVALIER, DÉMOPHON, ISABELLE.

ARAMINTE, *au chevalier.*

Ah ! te voilà donc, traître ! Avec quelle impudence
Oses-tu dans ces lieux soutenir ma présence ?
Après m'avoir traitée avec indignité,
Ne crains-tu point l'effet de mon cœur irrité ?

LE CHEVALIER.

Madame, je ne sais ce que vous voulez dire ;
Et ce brusque discours a de quoi m'interdire.
Vous me prenez ici pour un autre, je croi.
Quel sujet auriez-vous de vous plaindre de moi ?

ARAMINTE.

Tu feins de l'ignorer, une double et traîtresse !

Tu m'abusois, hélas ! d'une feinte tendresse ;
Et moi, de bonne foi, je te donnois mon cœur,
Sans connoître le tien et toute sa noirceur.

LE CHEVALIER.

Vous m'honorez vraiment par-delà mes mérites ;
Mais je ne comprends rien à tout ce que vous dites.

DÉMOPHON.

Ma foi, ni moi non plus. Mais dites-moi, ma sœur,
A quoi tend ce discours ? Quelle bizarre humeur... ?

LE CHEVALIER, *à Démophon.*

Madame est votre sœur ?

DÉMOPHON.

         Oui, monsieur, dont j'enrage ;
De plus ma sœur aînée, et n'en est pas plus sage.
   ( *à Araminte.* )
Quel caprice nouveau ; quel démon, dis-je, enfin
Vous oblige à venir, en faisant le lutin,
Scandaliser ici monsieur, qui de sa vie
Ne vous vit ni connut, et n'en a nulle envie ?

ARAMINTE.

Il ne me connoît pas ! Vous êtes fou, je crois !
Depuis plus de deux ans l'ingrat vit sous mes lois
Il a fait de mon bien un assez long usage :
J'ai fait à mes dépens son dernier équipage ;
Et, si de ses malheurs je n'avois eu pitié,
Il auroit tout au long fait la campagne à pied.

DÉMOPHON, *bas, au chevalier.*

Je vous le disois bien qu'elle étoit un peu folle

LE CHEVALIER, *bas, à Démophon*

Elle y vise assez.

DÉMOPHON, *bas, au chevalier.*
Oh ! j'en donne ma parole.

LE CHEVALIER.
Je ne veux pas ici m'exposer plus long-temps
A m'entendre tenir des discours insultants.
A madame à présent je quitte la partie ;
Je reviendrai sitôt qu'elle sera partie.

DÉMOPHON, *bas, au chevalier.*
Ne vous arrêtez point à tout ce qu'elle dit :
Il faut s'accommoder à son bizarre esprit.

LE CHEVALIER.
Pour un moment, monsieur, souffrez que je vous quitte ;
Je reviens sur mes pas achever ma visite.
*( il s'en va. )*

ARAMINTE, *au chevalier.*
Ne crois pas m'échapper.

# SCÈNE VI.

ARAMINTE, DÉMOPHON, ISABELLE.

ARAMINTE, *revenant sur ses pas.*
Je connois vos desseins,
Vous voudriez tous deux l'arracher de mes mains ;
Mais je veux l'épouser en dépit de la fille,
Du père, des parents, de toute la famille,
En dépit de lui-même, et de moi-même aussi.
*( elle sort. )*

# SCÈNE VII.

### DÉMOPHON, ISABELLE.

#### DÉMOPHON.

QUEL vertigo l'agite, et l'a conduite ici ?
Toujours de plus en plus son cerveau se démonte.

#### ISABELLE.

Il est vrai que souvent pour elle j'en ai honte.

#### DÉMOPHON.

Je crains que cette femme, avec sa brusque humeur
Ne soit venue ici causer quelque malheur.

# SCÈNE VIII.

### MÉNECHME, VALENTIN, DÉMOPHON, ISABELLE.

VALENTIN, à Ménechme, dans le fond.

OUI, monsieur, les voilà, la fille avec le père :
Vous pouvez avec eux parler de votre affaire.

DÉMOPHON, allant à Ménechme qu'il prend pour le
chevalier.

Ah ! monsieur, pour ma sœur, et pour sa vision,
Il faut ma fille et moi vous demander pardon.
Vous savez bien qu'il est, en femmes comme en filles,
Des esprits de travers dans toutes les familles.

#### MÉNECHME.

Oui, monsieur.

#### DÉMOPHON.

Vous voilà promptement de retour !
J'en suis ravi.

#### MÉNECHME

Je viens vous donner le bon jour,
Et par même moyen, amant tendre et fidèle,

Épouser une fille appelée Isabelle,
Dont vous êtes le père, à ce que chacun dit.
En peu de mots, voilà tout ce qui me conduit.

DÉMOPHON.

Je vous l'ai déjà dit, et je vous le répète,
Combien de ce parti mon ame est satisfaite :
Ma fille en est contente ; elle vous a fait voir
Qu'elle suit maintenant l'amour et le devoir.
Elle a senti d'abord un peu de répugnance ;
Mais, vous voyant, son cœur n'a plus fait de défense.

MÉNECHME.

Nous nous sommes donc vus quelquefois ?

DÉMOPHON.

À l'instant ;
Vous sortez d'avec elle, et paroissiez content.

MÉNECHME.

Moi ! je sors d'avec elle ?

DÉMOPHON.

Oui, sans doute, vous-même :
Nous avions de vous voir une allégresse extrême,
Quand ma sœur est venue, avec ses sots discours,
De notre conférence interrompre le cours.
Se peut-il que sitôt vous perdiez la mémoire ?

MÉNECHME.

Nous rêvons, vous ou moi. Quoi ! vous me ferez croire
Que j'ai vu votre fille ? en quel temps ? comment ? où ?

DÉMOPHON.

Tout à l'heure, en ces lieux.

MÉNECHME.

Allez, vous êtes fou ;
C'est me faire passer pour un visionnaire ;

Et ce début, tout franc, ne me satisfait guère.
Quoi qu'il en soit enfin, à présent je la vois;
Que ce soit la première ou la seconde fois,
Il importe fort peu pour notre mariage.

DÉMOPHON, *bas.*

Cet homme dans l'abord me paroissoit plus sage.

MÉNECHME.

Madame, on m'a vanté, par écrit, vos appas:
J'en suis assez content; mais j'en fais peu de cas,
Quand l'esprit ne va pas de pair avec les charmes.
C'est à vous là-dessus à guérir mes alarmes :
J'en dirai mon avis, quand vous aurez parlé.

ISABELLE, *à part.*

Je ne le connois plus; son esprit s'est troublé.

MÉNECHME.

J'aime les gens d'esprit plus que personne en France
J'en ai du plus brillant, et le tout sans science.
Je trouve que l'étude est le parfait moyen
De gâter la jeunesse, et n'est utile à rien;
Aussi je n'ai jamais mis le nez dans un livre :
Et quand un gentilhomme, en commençant à vivre,
Sait tirer en volant, boire, et signer son nom,
Il est aussi savant que défunt Cicéron.

DÉMOPHON.

Prendrez-vous une charge à la cour, à l'armée ?

MÉNECHME.

Mon ame dans ce choix est indéterminée.
La cour auroit pour moi d'assez puissants appas
Si la sujétion ne me fatiguoit pas.
La guerre me feroit d'ailleurs assez d'envie,
Si des gens bien versés en l'art d'astrologie

Ne m'avoient assuré que je vivrai cent ans :
Or, comme les guerriers vont peu jusqu'à ce temps,
Quoique mon nom fameux pût voler dans l'Europe,
Je veux, si je le puis, remplir mon horoscope.
Oh ! j'aime à vivre, moi,

VALENTIN.

Vous êtes de bon sens.

ISABELLE, *bas.*

Quel discours ! quel travers ! Est-ce lui que j'entends ?

MÉNECHME.

Qu'avez-vous, s'il vous plaît ? Vous paroissez surprise,
Comme si je disois ici quelque sottise.
Vous avez bien la mine, et soit dit entre nous,
De faire peu de cas des leçons d'un époux.

ISABELLE.

Je sais à quel devoir l'état de femme engage.

MÉNECHME.

Jusqu'ici je vous crois et vertueuse et sage,
Cependant ce regard amoureux et fripon
Pour le temps à venir ne me dit rien de bon :
J'en tire un argument, sans être philosophe,
Que vous me réservez à quelque catastrophe.
Plaît-il ? Qu'en dites-vous ?

DÉMOPHON.

Monsieur, ne craignez rien ;
Isabelle toujours doit se porter au bien.

ISABELLE.

Ciel ! peut-on me tenir de tels discours en face ?
Mon père, permettez que je quitte la place :
Monsieur me flatte trop ; ses tendres compliments
Me font connoître assez quels sont ses sentiments.

( *elle sort.* )

REGNARD IV.                                          7

# SCÈNE IX.

## DÉMOPHON, MÉNECHME, VALENTIN.

DÉMOPHON, *à part.*

Mon gendre avoit d'abord de plus belles manières.

MÉNECHME.

Les filles n'aiment pas les hommes si sincères.

VALENTIN.

Vous ne les flattez pas.

MÉNECHME.

Oh ! parbleu, je suis franc.
Femme, maîtresse, ami, tout m'est indifférent ;
Je ne me contrains pas, et dis ce que je pense.

DÉMOPHON.

C'est bien fait. Vous aurez, je crois, la complaisance
De ne plus demeurer autre part que chez moi ?

MÉNECHME.

Je reçois cette grâce ainsi que je le doi :
Mais il faut...

DÉMOPHON.

Vous souffrir en une hôtellerie !
Ce seroit un affront...

MÉNECHME.

Laissez-moi, je vous prie,
Pour quelque temps encor vivre à ma liberté.

DÉMOPHON.

Soit. Je vais travailler à l'hymen projeté.
( *à part.* )
Mon gendre prétendu me paroît bien sauvage ;
Mais le bien qu'il apporte est un grand avantage

## SCÈNE X.

### MÉNECHME, VALENTIN.

MÉNECHME.

J'ai donc vu là l'objet dont je serai l'époux?

VALENTIN.

Oui, monsieur, le voilà.

MÉNECHME.

Tout franc, qu'en dites-vous?

VALENTIN.

Mais, si vous souhaitez que je parle sans feinte,
De ses perfections je n'ai pas l'ame atteinte.

MÉNECHME.

Ma foi, ni moi non plus.

## SCÈNE XI.

### M. COQUELET, MÉNECHME, VALENTIN.

VALENTIN, à part.

Quel surcroît d'embarras!
Un de nos créanciers tourne vers nous ses pas:
C'est le marchand fripier qui nous rend sa visite.

M. COQUELET, à Ménechme, qu'il prend pour le
chevalier.

De mon petit devoir humblement je m'acquitte.
J'ai ce matin, monsieur, appris votre retour,
Et je viens des premiers vous donner le bon jour.
Nous étions tous pour vous dans une peine extrême;
Car dans notre maison tout le monde vous aime,
Moi, ma fille, ma femme; elles trembloient de peur
Qu'il ne vous arrivât quelque coup de malheur.

MÉNECHME.

M'aimer sans m'avoir vu ! voilà de bonnes ames !
Je n'aurois jamais cru tant être aimé des femmes !

M. COQUELET.

Nous le devons, monsieur, pour plus d'une raison :
Vous êtes dès long-temps ami de la maison.

MÉNECHME, *bas*, *à Valentin*

Quel est cet homme-là ?

VALENTIN, *bas*, *à Ménechme.*

C'est un visionnaire,
Une espèce de fou, d'un plaisant caractère,
Qui s'est mis dans l'esprit que tous les gens qu'il voit
Sont de ses débiteurs, et veut que cela soit :
C'est sa folie enfin ; il n'aborde personne
Qu'un mémoire à la main ; et déjà je m'étonne
Qu'il ne vous ait point fait quelque sot compliment.

MÉNECHME, *bas*, *à Valentin.*

Sa folie est nouvelle, et rare assurément.

M. COQUELET.

Votre bonne santé plus que l'on ne peut croire
Me charme et me ravit. Voici certain mémoire
Qu'avant votre départ je vous fis arrêter,
Et que vous me paierez, je crois, sans contester.

VALENTIN, *bas*, *à Ménechme.*

Que vous avois-je dit ?

M. COQUELET.

J'ai, pendant votre absence,
Obtenu contre vous certain mot de sentence,
Et par corps.

MÉNECHME.

Et par corps ?

M. COQUELET.

Mais, bénin créancier,

J'ai différé toujours d'en charger un huissier ;
De poursuites, d'exploits, il vous romproit la tête.

MÉNECHME.

Mais vous êtes vraiment trop bon et trop honnête !
Comment vous nomme-t-on ?

M. COQUELET.

Oh ! vous le savez bien.

MÉNECHME.

Je veux être un maraud, si j'en sus jamais rien.

M. COQUELET.

Pourriez-vous oublier...

VALENTIN, *prenant M. Coquelet à part.*

Ignorez-vous encore

Le mal qui le possède ?

M. COQUELET, *à Valentin.*

Oui, vraiment, je l'ignore.

VALENTIN, *à part, à M. Coquelet.*

Sa mémoire est perdue ; il ne se souvient plus
Ni de ce qu'il a fait, ni des gens qu'il a vus.
Ainsi, de lui parler du passé, c'est folie :
Son nom même, son nom, bien souvent il l'oublie.

M. COQUELET, *à part, à Valentin.*

Ciel ! que me dites-vous ? quel triste évènement !
Et comment se peut-il qu'à son âge...

VALENTIN, *bas.*

Comment ?

On l'a mis, à la guerre, en une batterie
D'où le canon tiroit avec tant de furie,
Qu'il s'est fait dans sa tête une commotion
Qui de son souvenir empêche l'action.

Regnard. 2

De son foible cerveau... la membrane trop tendre...
Oh! l'effet du canon ne sauroit se comprendre.

M. COQUELET, *à Ménechme.*

Je plains bien le malheur qui vous est survenu;
Mais je puis assurer que le tout m'est bien dû.
Vous savez...

MÉNECHME.

Oui, je sais, sans en faire aucun doute,
Et vois que la raison est chez vous en déroute.

M. COQUELET.

Monsieur, souvenez-vous que ce sont des habits
Qu'à votre régiment l'an passé je fournis.

MÉNECHME.

Mon régiment! à moi? Cherchez ailleurs vos dettes,
Et je n'ai pas le temps d'entendre vos sornettes :
Vous êtes un vieux fou.

M. COQUELET.

Je suis marchand fripier
Mon nom est Coquelet, syndic, et marguillier.
Si vous avez perdu, par malheur, la mémoire,
Les articles sont tous contenus au mémoire.
( *il lui donne son mémoire.* )

MÉNECHME.

Tiens, voilà ton mémoire, et comme j'en fais cas.
( *il déchire le mémoire, et lui jette les morceaux*
*visage.* )

VALENTIN, *à Ménechme.*

Ah, monsieur! contre un fou ne vous emportez pas.

M. COQUELET, *ramassant les morceaux.*

Déchirer un billet!....le jeter à la face!...
Vous êtes un fripon.

MÉNECHME.

Un fripon! moi?

VALENTIN, *se mettant entre deux.*

De grâce...

M. COQUELET.

Je vous ferai bien voir...

VALENTIN, *à M. Coquelet.*

Sans faire tant de bruit,

Plaignez plutôt l'état où le sort l'a réduit.

M. COQUELET.

Un mémoire arrêté!

VALENTIN, *à M. Coquelet.*

Ne faites point d'affaires.

M. COQUELET.

C'est un crime effroyable et digne des galères.

MÉNECHME, *à Valentin.*

Laissez-moi lui couper le nez.

VALENTIN, *à Ménechme.*

Laissez-le aller :

Que feriez-vous, monsieur, du nez d'un marguillier?

( *à M. Coquelet.* )

Vous causerez ici quelque accident funeste.

M. COQUELET.

Je veux être payé; je me moque du reste.

VALENTIN, *à M. Coquelet.*

Partez, monsieur, partez : voulez-vous, de nouveau,

Par vos cris redoublés ébranler son cerveau?

M. COQUELET.

Oui, je pars; mais peut-être, avant qu'il soit une heure,

Je lui ferai changer de ton et de demeure.

Serviteur.

# SCÈNE XII.

## MÉNECHME, VALENTIN.

### VALENTIN.

CONTRE un fou falloit-il vous fâcher ?

### MÉNECHME.

De quoi s'avise-t-il de me venir chercher
Pour être le plastron de ses impertinences ?
Qu'il prenne un autre champ pour ses extravagances.
Allons chez mon notaire, et ne différons plus.

### VALENTIN.

Présentement, monsieur, nos pas seroient perdus :
Il n'est pas chez lui ; mais bientôt il doit s'y rendre.
Dans peu, pour l'aller voir, je reviendrai vous prendre :
Certain devoir pressant m'appelle à quatre pas.

### MÉNECHME.

Je vous attendrai donc : allez ; ne tardez pas :
Je m'en vais un moment tranquilliser ma bile.
Tout est devenu fou, je crois, dans cette ville.
Ma foi, de tous les gens que j'ai vus aujourd'hui,
Je n'ai trouvé que moi de raisonnable, et lui.

( il sort. )

# SCÈNE XIII.

## VALENTIN.

JE prétends l'observer autour de cette place.
Le poisson, de lui-même, entre dans notre nasse :
Tout succède à mes vœux ; et j'espère, en ce jour,
Servir utilement la fortune et l'amour.

FIN DU TROISIÈME ACTE.

# ACTE QUATRIÈME.

## SCÈNE I.

### VALENTIN.

J'AI toujours observé cette porte de vue ;
Personne du logis n'est sorti dans la rue :
Mon maître a tout le temps de toucher son argent.
Je reviens dans ce lieu, ministre diligent,
De crainte que notre homme, allant chez le notaire,
Ne fasse encor trop tôt découvrir le mystère.
Déjà d'un créancier il m'a débarrassé.
Je ris, lorsque je pense à ce qui s'est passé :
Je les ai mis aux mains d'une ardeur assez vive.
Parbleu ! vive les gens pleins d'imaginative !

## SCÈNE II

### FINETTE, VALENTI

### VALENTIN.

MAIS j'aperçois Finette ; et mon cœur amoureux
Se sent, en la voyant, brûler de nouveaux feux

### FINETTE.
Je cherche ici ton maître.

### VALENTIN.
En attendant qu'il vienne,
Souffre que mon amour un moment t'entretienne,

7.

Et que j'offre mon cœur à tes charmants attraits.

FINETTE.

Porte ailleurs tes présents ; ne me parle jamais :
Ton maître m'a traitée avec tant d'insolence,
Qu'il faut sur le valet que j'en prenne vengeance.
M'appeler créature !

VALENTIN.

Ah ! cela ne vaut rien.
Il est dur quelquefois et brutal comme un chien.

FINETTE.

J'ai de ses vilains mots l'oreille encor blessée ;
Et ma maîtresse en est si fort scandalisée,
Que, rompant avec lui désormais tout-à-fait,
Je viens lui demander et lettres et portrait.

VALENTIN.

Pour les lettres, d'accord ; c'est un dépôt stérile,
Dont la garde, à mon sens, est assez inutile ;
Mais pour le portrait d'or, attendu le métal,
Le cas, à mon avis, ne paroît pas égal.
Quand le besoin d'argent nous presse et nous harcelle,
Tu sais, ma pauvre enfant, qu'on troque la vaisselle.

FINETTE.

Pourroit-on d'un portrait faire si peu de cas ?

VALENTIN.

Nous nous sommes trouvés dans de grands embarras.
Mais, depuis quelque temps, un oncle, un honnête homme
( A peine pouvons-nous dire comme il se nomme )
A bien voulu descendre aux ténébreux manoirs,
Pour nous mettre à notre aise, et nous faire ses hoirs.
Soixante mille écus d'argent sec et liquide
Ont mis notre fortune en un vol bien rapide.

FINETTE.

Ah ciel ! que me dis-tu ?

VALENTIN.

Je dis la vérité.

FINETTE.

Quoi ! dans si peu de temps vous auriez hérité ?

VALENTIN.

Bon ! nous avons appris le mal de ce bon homme,
La mort, le testament, et reçu notre somme,
Dans le temps que tu mets à me le demander.
Mon maître est diablement habile à succéder.

FINETTE.

Oh ! je n'en doute point.

VALENTIN.

Sois-en juge toi-même.
Tu vois bien qu'il feroit une sottise extrême,
S'il se piquoit encor d'avoir des feux constants :
Il faut bien, dans la vie, aller selon le temps.

FINETTE.

Nous nous passerons bien d'amants tels que vous êtes.

VALENTIN.

A son exemple aussi je quitte les soubrettes ;
Mon amour veut domter des cœurs d'un plus haut rang :
Je prends un vol plus fier, et suis haussé d'un cran.
Mes mains de cet argent seront dépositaires ;
Et je vais me jeter, je crois, dans les affaires.

FINETTE.

Dans les affaires, toi ?

VALENTIN.

Devant qu'il soit deux ans,
Je veux que l'on me voie, avec des airs fendants,
Dans un char magnifique, allant à la campagne,

Ébranler les pavés sous six chevaux d'Espagne.
Un Suisse à barbe torse, et nombre de valets,
Intendants, cuisiniers, rempliront mon palais :
Mon buffet ne sera qu'or et que porcelaine ;
Le vin y coulera comme l'eau dans la Seine :
Table ouverte à dîner : et les jours libertins,
Quand je voudrai donner des soupers clandestins,
J'aurai, vers le rempart, quelque réduit commode,
Où je régalerai les beautés à la mode,
Un jour l'une, un jour l'autre ; et je veux, à ton tour,
Et devant qu'il soit peu, t'y régaler un jour.

FINETTE.

J'en suis d'avis.

VALENTIN.

Pour toi ma tendresse est extrême.
Mais quelqu'un vient ici.

# SCÈNE III

## MÉNECHME, VALENTIN, FINETTE.

VALENTIN.

C'est Ménechme lui-même.

( à Ménechme. )

A vos ordres, monsieur, vous me voyez rendu.

MÉNECHME, à Valentin.

Vous m'avez, en ce lieu, quelque temps attendu ;
Mais j'ai cherché long-temps un papier nécessaire,
Pour aller promptement finir chez le notaire.

FINETTE, à Ménechme, qu'elle prend pour le
chevalier.

Ma maîtresse, rompant avec vous tout-à-fait

M'envoie ici, monsieur, demander son portrait,
Ses lettres, ses bijoux; en nous rendant les nôtres,
Elle m'a commandé de vous rendre les vôtres:
Les voilà:

*( elle tire de sa poche une boîte à portrait, et un*
*paquet de lettres. )*

MÉNECHME, *à Finette.*

Tout ceci doit-il durer long-temps?

FINETTE.

C'est l'usage parmi tous les honnêtes gens:
Quand il est survenu rupture ou brouillerie,
Et que de se revoir on n'a plus nulle envie,
On se rend l'un à l'autre et lettres et portraits.

MÉNECHME.

C'est l'usage?

FINETTE.

Oui, monsieur; on n'y manque jamais.
Ce garçon vous dira que cela se pratique,
Lorsque de savoir vivre et de monde on se pique.

VALENTIN.

Pour moi, dans pareil cas, toujours j'en use ainsi.

MÉNECHME.

Savez-vous bien, m'amie, enfin que tout ceci
M'ennuie étrangement, me lasse, et me fatigue;
Et que, pour vous payer de toute votre intrigue,
Vous pourriez bien sentir ce que pèse mon bras.

FINETTE.

Mort non pas de mes jours! ne vous y jouez pas.
Voilà votre portrait, et rendez-nous le nôtre.

MÉNECHME.

Mon portrait! qu'est-ce à dire?

FINETTE.

Oui, sans doute, le vôtre,
Que ma maîtresse prit en vous donnant le sien.

MÉNECHME.

J'ai donné mon portrait à ta maîtresse ?

FINETTE.

Eh bien !
Allez-vous dire encor que ce sont là des fables,
Et que rien n'est plus faux ?

MÉNECHME.

Oui, de par tous les diables,
Je le dis, le soutiens, et je le soutiendrai.

FINETTE.

Quoi ! vous pourriez jurer, monsieur...

MÉNECHME.

J'en jurerai.
Je ne me suis jamais ni fait graver, ni peindre.

FINETTE, à part.

Ah, l'abominable homme !

VALENTIN, bas, à Ménechme.

Il n'est plus temps de feindre ;
Si vous l'avez reçu, dites-le sans façon :
C'est pousser assez loin votre discrétion.

MÉNECHME, à Valentin.

Je ne sais ce que c'est, ou l'enfer me confonde !

FINETTE.

Votre portrait n'est pas dans cette boîte ronde ?

MÉNECHME.

Non, à moins que le diable, à me nuire obstiné,
Ne l'ait peint de sa main, et ne vous l'ait donné.

FINETTE, à part.

Quelle audace ! quel front ! Mais je veux le confondre.

Voyons à ce témoin ce qu'il pourra répondre.

*( elle ouvre la boîte, et en montre le portrait à*
*Ménechme.*

Eh bien ! connoissez-vous ce visage et ces traits ?

MÉNECHME, *considérant le portrait.*

Comment diable ! c'est moi ! Qui l'eût pensé jamais ?
Ce sont mes yeux, mon air.

VALENTIN, *prenant le portrait.*

Voyons donc, je vous prie ;
Mettons l'original auprès de la copie :
Par ma foi, c'est vous-même ; et vous voilà parlant :
Jamais peintre ne fit portrait si ressemblant.

MÉNECHME, *à part.*

Il entre là-dessous quelque sorcellerie :
Ou du moins j'entrevois quelque friponnerie.
Vous verrez qu'en venant par le coche, à leurs frais,
Ces deux coquines-là m'auront fait peindre exprès,
Pour me jouer ici quelque noir stratagème.

FINETTE, *à Ménechme.*

Finissons, s'il vous plaît.

MÉNECHME.

Oh ! finissez vous-même.
Allez apprendre ailleurs à connoître vos gens,
Et ne me rompez point la tête plus long-temps.

FINETTE.

Rendez donc le portrait.

MÉNECHME.

De qui ?

FINETTE.

De ma maîtresse.

MÉNECHME, *la prenant par les épaules*

Je ne sais ce que c'est. Passe vite, et me laisse.

FINETTE.

Savez-vous bien qu'avant de partir de ces lieux
Je pourrois bien, monsieur, vous arracher les yeux?

VALENTIN, *bas, à Ménechme.*

Pour éviter, monsieur, de plus longue querelle,
Rendez-lui son portrait, et vous défaites d'elle.
Vous savez ce que c'est qu'une amante en courroux:
Les enfers déchaînés seroient cent fois plus doux.

MÉNECHME.

Mais, quand elle seroit mille fois plus diablesse,
Je ne la connois point, elle, ni sa maîtresse.

VALENTIN, *bas, à Finette.*

Quoi qu'il dise, l'amour lui tient encore au cœur:
Je vais le ramener un peu par la douceur.
Tu reviendras tantôt; je te ferai tout rendre.

FINETTE.

Eh bien! jusqu'à ce temps je veux encore attendre;
Mais, si l'on manque après à me faire raison,
Je reviens, et je mets le feu dans la maison.

# SCÈNE IV.

## MÉNECHME, VALENTIN.

MÉNECHME.

Mais peut-on sur les gens être tant acharnée?
Pour me persécuter l'enfer l'a déchaînée.

VALENTIN.

Quand on est, comme vous, jeune, aimable, et bien fait,
A ces petits malheurs on est souvent sujet.
Entre amants, tel dépit n'est qu'une bagatelle;
Je veux, dès aujourd'hui, vous remettre avec elle:

# SCÈNE V.

## LE MARQUIS, VALENTIN, MÉNECHME

VALENTIN, *à part.*

MAIS je vois le marquis ; il tourne ici ses pas.
Les cent louis nous vont donner de l'embarras.

LE MARQUIS, *embrassant vivement Ménechme,*
*qu'il prend pour le chevalier.*

Eh ! cadédis, mon cher, quelle hureuse fortune !
Qué jé t'embrasse... encore... et millé fois pour une.
Quelqué contentément que j'aie à té révoir,
Régardé-moi ; jé suis outré dé désespoir ;
Lé jour mé scandalise, et voudrois contré quatre,
Pour terminer mon sort, trouver sul à mé battre.

MÉNECHME.

Monsieur, je suis fâché de vous voir en courroux ;
Mais je n'ai pas le temps de me battre avec vous.

LE MARQUIS.

Un coup dé pistolet mé séroit coup de grace ;
Jé voudrois qué quelqu'un m'écrasât sur la place.

MÉNECHME, *à part, à Valentin.*

Quel est ce Gascon-là ?

VALENTIN, *bas, à Ménechme.*

C'est un dé vos amis,
Sans doute, et des plus chers.

MÉNECHME, *bas, à Valentin.*

Jamais je ne le vis.

LE MARQUIS.

Jé sors d'uné maison, qué la terre engloutisse,
Et qu'avec elle encor la nature périsse !
Où, jusqu'au dernier sou, j'ai quitté mon argent.

D'un maudit lansquenet lé caprice outrageant
M'oblige à té prier dé vouloir bien mé rendre
Cent louis qué dé moi lé bésoin té fit prendre.
Excuse si jé viens ici t'importuner;
En l'état où jé suis, on doit tout pardonner.

MÉNECHME.

Je vous pardonne tout; pardonnez-moi de même,
Si je dis qu'en ce point ma surprise est extrême.
Je ne vous connois point : comment auriez-vous pu
Me prêter cent louis, ne m'ayant jamais vu ?

LE MARQUIS.

Quel est donc ce discours? il me passe. A l'entendre...

MÉNECHME.

Le vôtre est-il pour moi plus facile à comprendre ?

LE MARQUIS.

Vous né mé dévez pas cent louis ?

MÉNECHME.

Non, ma foi ;
Vous les avez prêtés à quelque autre qu'à moi.

LE MARQUIS.

Il né vous souvient pas qu'allant en Allémagne,
Étant vide d'argent pour faire la campagne;
Sans âne, ni mulet, prêt à demeurer là...

MÉNECHME, *le contrefaisant.*

Jé né mé souviens pas d'un mot dé tout cela

LE MARQUIS.

Vous vîntes mé trouver pour vous fairé ressource
Et qué, sans déplacer, jé vous ouvris ma bourse.

MÉNECHME.

A moi? j'aurois perdu le sens et la raison,
De prétendre emprunter dé l'argent d'un Gascon.

LE MARQUIS, *montrant Valentin.*

Cet hommé-ci présent peut rendré témoignage ;
Il étoit avec vous ; jé rémets son visage.

( *à Valentin.* )

Viens-çà, vélître ; parle ; oseras-tu nier
Cé qué son mauvais cœur tâche en vain d'oublier ?

VALENTIN.

Monsieur...

LE MARQUIS.

Parle, ou ma main, dé fureur possédée...

VALENTIN.

Il m'en vient dans l'esprit quelque confuse idée.

LE MARQUIS.

Quelqué confuse idée ? oh ! moi, j'en suis certain.

( *à Ménechme.* )

Çà, monsur, mon argent, ou l'épée à la main.

MÉNECHME.

Quoi ! pour ne vouloir pas vous donner cent pistoles,
Il faut que je me batte ?

LE MARQUIS.

Un peu : trève aux paroles ;
Il mé faut des effets : vite, dépêchez-vous.

MÉNECHME.

Je ne suis point pressé : de grace, expliquons-nous.

LE MARQUIS.

Point d'explication ; la chose est assez claire.

MÉNECHME.

Mais, monsieur...

LE MARQUIS.

Mais, monsur, il faut mé satisfaire.

MÉNECHME.

Vous satisfaire, moi ! mais je ne vous dois rien :

Faites-nous assigner, nous vous répondrons bien.
LE MARQUIS.
Quand on mé doit, voilà lé sergent qué jé porte.
*(Il met l'épée à la main.)*
MÉNECHME, *à part.*
Juste ciel! quel brutal! Si faut-il que j'en sorte.
*( haut. )*
Combien vous est-il dû?
LE MARQUIS.
L'avez-vous oublié?
Cent louis.

MÉNECHME.
Cent louis! j'en paierai la moitié.
LE MARQUIS.
Qué jé devienne atome, ou qu'à l'instant jé mure,
Si vous né mé payez lé tout dans un quart-d'hure.
VALENTIN, *bas, à Ménechme.*
Il nous tuera tous deux. Quand vous ne serez plus,
De quoi vous serviront soixante mille écus?
Lui n'a plus rien à perdre.
MÉNECHME, *bas, à Valentin.*
Il est pourtant bien rude...
LE MARQUIS.
Qué dé réflexions, et qué d'incertitude!
MÉNECHME.
Si vous êtes si prompt, monsieur, tant pis pour vous;
Il me faut plus de temps pour me mettre en courroux.
Je n'ai pas cent louis, mais en voilà soixante.
*( bas, à Valentin. )*
Tirez-moi de ces mains; faites qu'il se contente.
*( à part. )*
Ah! si je n'avois pas hérité depuis peu,

Je me battrois en diable, et nous verrions beau jeu.

VALENTIN, *au marquis.*

Voilà plus de moitié, monsieur, de votre dette ;
Demain l'on vous fera votre somme complète.

LE MARQUIS, *prenant la bourse.*

Adiu, monsur, adiu : je vous croyois du cur,
Et vous m'aviez fait voir des sentiments d'honnur :
Mais cette occasion mé prouve lé contraire.
Né m'approchez jamais qué dé loin... Plus d'affaire
Jé serois dégradé dé noblesse chez nous,
Si j'étois accosté d'un lâche tel qué vous.

# SCÈNE VI.

## MÉNECHME, VALENTIN.

### MÉNECHME.

Je lui conseille encor de me chanter injure !
Où suis-je ? quel pays ! quelle race parjure !
Hommes, femmes, passants, marchands, Gascons, commis
Pour me faire enrager, tous semblent s'être unis.
Je n'en connois aucun ; et tous, à les entendre,
Sont mes meilleurs amis, et viennent me surprendre.
Allons voir mon notaire ; et sortons, si je puis,
Du coupe-gorge affreux et du bois où je suis.
                                    (*Il s'en va.*)

VALENTIN, *courant après lui.*

Vous ne voulez donc pas que je vous y conduise ?

MÉNECHME.

Je n'ai besoin de vous ni de votre entremise ;
Je vous suis obligé des services rendus :
A tout autre qu'à moi je ne me fierai plus ;

Et j'appréhende encor, dans mon soupçon extrême,
D'être d'intelligence à me tromper moi-même.

# SCÈNE VII.

## VALENTIN.

Le pauvre diable en a, par ma foi, tout son soûl;
Il faudra qu'il décampe, ou qu'il devienne fou :
Pour peu de temps encor qu'en ces lieux il habite,
De tous ses créanciers mon maître sera quitte.

# SCÈNE VIII.

## LE CHEVALIER, VALENTIN.

### LE CHEVALIER.

Ah! mon cher Valentin, tu me vois hors de moi;
Mon bonheur est si grand, qu'à peine je le croi.
J'ai reçu mon argent : regarde, je te prie,
Des billets que je tiens la force et l'énergie :
Tous billets au porteur, des meilleurs de Paris;
L'un de trois mille écus, l'autre de neuf, de six,
De huit, de cinq, de sept. J'achèterois, je pense,
Deux ou trois marquisats des mieux rentés de France.

### VALENTIN.

Quelle aubaine! Le bien vous vient de toutes parts.
De grace, laissez-moi promener mes regards
Sur ces billets moulés, dont l'usage est utile.
La belle impression! les beaux noms! le beau style!
Ce sont là les billets qu'il faut négocier,
Et non pas vos poulets, vos chiffons de papier,
Où l'amour se distille en de fades paroles,
Et qui ne sont par-tout pleins que de fariboles

LE CHEVALIER.

Va, j'en connois le prix tout aussi-bien que toi ;
Mais jusqu'ici l'usage en fut peu fait pour moi :
J'espère à l'avenir m'en servir comme un autre.

VALENTIN.

Vous ignorez encor quel bonheur est le vôtre ;
Votre frère pour vous vient encor d'être pris.
Le marquis, qui jadis nous prêta cent louis,
Est venu brusquement lui demander la somme
Votre frère, d'abord, a rembarré son homme ;
Mais lui, sourd aux raisons qu'il a pu lui donner,
A voulu sur-le-champ le faire dégaîner.
Notre jumeau prudent n'en a voulu rien faire ;
Et, mettant à profit mon conseil salutaire,
Il en a délivré plus de moitié comptant,
Que le marquis a pris toujours en rabattant.

LE CHEVALIER.

Je lui suis obligé d'avoir payé mes dettes.

VALENTIN.

Vos obligations ne sont pas si parfaites ;
Car avec Isabelle il vous a mis fort mal.

LE CHEVALIE.

Il l'a vue ?

VALENTIN.

　　Oui, vraiment. Il est un peu brutal,
Ainsi que j'ai tantôt eu l'honneur de vous dire ;
Il a sur son chapitre étendu la satire.
Et tenu face à face un propos aigre-doux,
Qu'on met sur votre compte, et que l'on croit de vous.
Isabelle est sortie à tel point courroucée...

LE CHEVALIER.

Il faut de cette erreur détromper sa pensée.

# SCÈNE IX.

## ISABELLE, LE CHEVALIER, VALENTIN.

LE CHEVALIER.

Mais je la vois paroître. Où tournez-vous vos pas,
Madame ? où fuyez-vous ?

ISABELLE, *traversant le théâtre.*

Où vous ne serez pas.

VALENTIN.

Voilà le quiproquo.

ISABELLE.

Je vais chez Araminte,
Lui dire que pour vous ma tendresse est éteinte.
Aimez-la, j'y consens; je fais vœu désormais
De vous fuir comme un monstre, et ne vous voir jamais

LE CHEVALIER.

Madame...

ISABELLE.

Pour le prix de l'ardeur la plus vive,
Je ne reçois de vous qu'injure et qu'invective;
Je vous parois sans foi, sans esprit, sans appas.

LE CHEVALIER.

Madame, écoutez-moi.

ISABELLE.

Non, je ne comprends pas,
Si brutal que l'on soit, qu'on puisse avoir l'audace
De dire, de sang-froid, ces duretés en face.

LE CHEVALIER.

Vous saurez qu'en ces lieux...

ISABELLE.

Je ne veux rien savoir.

LE CHEVALIER.

C'est bien fait.

VALENTIN, à Isabelle.

Écoutez, sans tant vous émouvoir.

ISABELLE, à Valentin.

Veux-tu que je m'expose encore à ses sottises ?

VALENTIN.

Mon Dieu ! non. Sans sujet vous en venez aux prises.
Je vais dans un moment dissiper ce soupçon :
Tous deux vous avez tort, et vous avez raison.

ISABELLE.

Oh ! pour moi, j'ai raison ; toi-même, sois-en juge.

LE CHEVALIER.

Et moi, je n'ai pas tort.

VALENTIN.

Tout ce petit grabuge
Entre vous excité va finir en deux mots.
Monsieur vous a tantôt tenu certains propos
Assez durs, dites-vous ?

ISABELLE.

Hors de toute croyance.

LE CHEVALIER.

Moi ! je vous ai...

VALENTIN, au chevalier.

Paix donc, point tant de pétulance.
Je ne dirai plus rien si vous parlez toujours.

( à Isabelle. )

L'homme qui vous a fait d'impertinents discours,
C'est lui, sans être lui ; ce n'est que son image,
De taille, de façon, de nom, et de visage ;
Et, quoique l'un soit l'autre, ils diffèrent entre eux ;
Tous les deux ne font qu'un, et cependant sont deux

S

Ainsi c'est l'autre lui, vêtu de ses dépouilles,
Le portrait de monsieur qui vous a chanté pouilles.

ISABELLE.

De quels contes en l'air me fais-tu l'embarras ?

LE CHEVALIER.

Sans l'entendre parler, ne vous emportez pas.

VALENTIN.

La chose, j'en conviens, ne paroît pas trop claire :
Mais sachez que monsieur en ces lieux a son frère ;
Frère jumeau, semblable et d'habits et de traits,
Dont la langue a tantôt sur vous lancé ses traits.
Vous l'avez pris pour lui, mais, quoiqu'il soit semblable,
L'autre est un faux brutal ; voici le véritable.

ISABELLE.

Quelque étrange que soit ce surprenant récit,
Je me plais à le croire ; il flatte mon esprit :
L'amour rend ma méprise et juste et raisonnable.

LE CHEVALIER.

Ce courroux à mes yeux vous rend plus adorable.
Souffrez que mon transport...

(Il veut lui baiser la main.)

ISABELLE.

Modérez ces désirs.

LE CHEVALIER.

Je me méprends aussi : transporté de plaisirs,
Je pousse un peu trop loin mes tendres entreprises.
Mais d'une et d'autre part oublions nos méprises.

VALENTIN, montrant la marque du chapeau
du chevalier.

Pour ne vous plus tromper, regardez ce signal ;
Il doit dans l'embarras vous servir de fanal.

Mais n'allez pas tantôt par-devant le notaire
Épouser l'un pour l'autre, et prendre le contraire :
Vous apprendrez par-là quel est le vrai des deux.

ISABELLE.

Mon cœur me le dira bien plutôt que mes yeux.

LE CHEVALIER.

Quoi qu'aujourd'hui le ciel fasse pour ma fortune,
Sans ce cœur, j'y renonce, et je n'en veux aucune.

VALENTIN.

Trève de compliments. Quand vous serez époux,
Il vous sera permis de tout dire entre vous :
La gloire en d'autres lieux vous et moi nous appelle.
Que madame à présent en paix rentre chez elle.
Nous, courons au contrat ; et qu'un heureux destin,
Comme il a commencé, mette l'affaire à fin.

FIN DU QUATRIÈME ACTE.

# ACTE CINQUIÈME.

## SCÈNE I.

### ARAMINTE, FINETTE.

FINETTE.

Je vous dis vrai, madame; et je ne saurois croire
Que l'on puisse trouver une ame encor si noire.
Lorsque je l'ai pressé de rendre le portrait,
Il a voulu me battre, et l'auroit, je crois, fait,
Si son valet, plus doux, n'eût écarté l'orage.
Ah! madame, armez-vous d'un généreux courage;
Poursuivez votre pointe, et faites bien valoir
Les droits que la raison met en votre pouvoir.
Vous avez sa promesse, il faut qu'il l'accomplisse

ARAMINTE

Si je ne le fais pas, que le ciel me punisse!

FINETTE.

Il n'est plus ici-bas de foi, de probité,
Plus de loi, plus d'honneur, plus de sincérité.
Les filles, en ce temps si souvent attrapées,
Sur la foi des serments avoient été trompées;
Et, voulant mettre un frein au dégoût des amants,
Se faisoient d'un écrit confirmer les serments:
Mais que leur sert d'user de cette prévoyance,
Si les écrits trompeurs n'ont pas plus de puissance?

Je vois bien maintenant que, dans ce siècle ingrat,
Il ne faut se fier que sur un bon contrat.
Mais c'est nôtre destin ; toujours, tant que nous sommes,
Nous serons le jouet et les dupes des hommes.

ARAMINTE.

Va, j'ai bien résolu, dans mon cœur courroucé.
De venger, si je puis, tout le sexe offensé.

FINETTE.

Quoi donc ! il ne tiendra, pour engager le monde,
Qu'à venir étaler une perruque blonde !
Une tête éventée, un petit freluquet ;
Qui s'admire lui seul, et n'a que du caquet ;
Parcequ'il a bon air, et qu'on a le cœur tendre,
Impunément viendra nous plaire et nous surprendre ;
Nous fera par écrit sa déclaration,
Sans en venir après à la conclusion !
Non, c'est une noirceur qui crie au ciel vengeance :
Il faut de cet abus réprimer la licence ;
Et, quand ce ne seroit que pour vous en venger,
Il faudroit l'épouser pour le faire enrager.

ARAMINTE.

Mais, s'il ne m'aime point, quel sera l'avantage
Que me procurera ce triste mariage ?

FINETTE.

Est-ce donc pour s'aimer qu'on s'épouse à présent ?
Cela fut bon du temps du monde adolescent ;
Et j'en vois tous les jours qui ne font pas un crime
D'épouser sans amour, et même sans estime.
Il faut se marier : vous êtes dans un temps
Où les appas flétris s'effacent pour long-temps.
Ce conseil bienfaisant, que mon zèle vous donne,

Regnard.                          8.

Je voudrois l'appliquer à ma propre personne;
Et rester vieille fille est un mal plus affreux
Que tout ce que l'hymen a de plus dangereux.

# SCÈNE II

### DÉMOPHON, ISABELLE, ARAMINTE, FINETTE.

#### DÉMOPHON.

LE hasard justement en ce lieu vous amène;
D'aller jusque chez vous il m'épargne la peine.

#### ARAMINTE.

Le hasard nous sert donc tous deux également,
Mon frère, car chez vous j'allois pareillement.
Vous m'épargnez des pas.

#### DÉMOPHON.

Toujours préoccupée,
N'êtes-vous point, ma sœur, encore détrompée?
Et ne voyez-vous pas que votre passion
N'est rien qu'une chimère et pure vision?
Finissez, croyez-moi; n'allez pas davantage
Traverser mes desseins; et montrez-vous plus sage.

#### ARAMINTE.

Sans rime ni raison vous babillez toujours;
Mais vous savez quel cas je fais de vos discours.
Ménechme m'appartient; et voilà la promesse
Qu'il me fit de sa main, pour marquer sa tendresse

#### DÉMOPHON.

Mais jusqu'où va, ma sœur, votre crédulité?

#### ARAMINTE.

Il est, vous dis-je, à moi; je l'ai bien acheté.
Entendez-vous, ma nièce?

ISABELLE.

Oui, sans doute, ma tante,
J'entends bien.

ARAMINTE.

Sans mentir, vous êtes fort plaisante
De vouloir m'enlever un cœur comme le sien,
Et vous approprier si hardiment mon bien !
Un procédé pareil est sot et malhonnête.

ISABELLE.

Qui pourroit de vos mains ravir une conquête?
Quand on est une fois frappé de vos attraits,
Vos yeux vous sont garants qu'on ne change jamais:
Ce sont ces yeux charmants qui les volent aux autres.

ARAMINTE.

Mes yeux sont, pour le moins, aussi beaux que les vôtres;
Et, lorsque nous voudrons les employer tous deux,
On verra qui de nous y réussira mieux.

DÉMOPHON.

Oh ! je suis à la fin bien las de vous entendre.

# SCÈNE III.

MÉNECHME, DÉMOPHON, ISABELLE,
ARAMINTE, FINETTE.

DÉMOPHON.

HEUREUSEMENT ici je vois venir mon gendr
( à Ménechme. )
Vous n'amenez donc pas le notaire en ces lieux ?

MÉNECHME.

J'ai cherché son logis en vain une heure ou deux,
Et je viens vous prier de m'y vouloir conduire.
Toujours quelque fâcheux a pris soin de me nuire.

DÉMOPHON.

Je l'attends ; et je crois qu'il ne tardera pas.

MÉNECHME.

L'un, du bout de la place accourant à grands pas,
Comme le plus chéri de mes amis fidèles,
Me vient de ma santé demander des nouvelles ;
Un autre, à toute force, et me serrant la main,
Me veut mener souper au cabaret prochain ;
Celui-ci, m'arrêtant au détour d'une rue,
Me force à lui payer une dette inconnue ;
Et de tous ces gens-là, me confonde l'enfer,
Si j'en connois aucun, non plus que Lucifer

ARAMINTE, à Ménechme.

Traître ! c'en est donc fait ; malgré ta foi donnée,
Tu te veux engager dans un autre hyménée ;
Malg é tous tes serments ; malgré ton premier choix !

MÉNECHME.

Ah ! nous y voilà donc encore une autre fois !

ARAMINTE.

Tu me quittes, perfide, ingrat, cœur infidèle !
Tu te fais un plaisir de ma peine cruelle !
Tu me vois expirante, et cédant à mon sort,
Sans donner seulement une larme à ma mort !
(Elle tombe sur Finette.)

MÉNECHME.

Cette femme est sur moi rudement endiablée !
Il faut assurément qu'on l'ait ensorcelée.
Faudra-t-il que toujours je sois dans l'embarras
De voir une furie attachée à mes pas ?

FINETTE, à Ménechme.

Vous, qui pour nous jadis eûtes tant de tendresse,
Verrez-vous dans mes bras expirer ma maîtresse ?

Cette pauvre innocente a-t-elle mérité
Qu'on payât son amour de tant de cruauté ?

MÉNECHME.

Qu'elle expire en tes bras, que le diable l'emporte,
Et te puisse avec elle entraîner, que m'importe ?
Déjà, pour mon repos, il devroit l'avoir fait.

ARAMINTE.

Perfide ! je me veux venger de ton forfait.
J'ai ta promesse en main ; voilà ta signature ;
Je puis par ce témoin confondre l'imposture.

*( Démophon prend la promesse. )*

MÉNECHME, *à Démophon.*

Elle est folle à tel point qu'on ne peut l'exprimer :
Travaillez au plus tôt à la faire enfermer.

DÉMOPHON, *lui montrant la promesse.*

*( bas. )*

Mais voilà votre nom « Ménechme. » En confidence,
Avez-vous avec elle eu quelque intelligence ?
C'est ma sœur, et je puis assoupir tout cela.

MÉNECHME, *à part, à Démophon.*

Moi ! si j'ai jamais vu ces deux friponnes-là ;
Pardonnez-moi le mot ; c'est votre sœur, n'importe :
Je veux bien à vos yeux et devant que je sorte
Que Satan... Lucifer...

DÉMOPHON, *à part, à Ménechme.*

Je vous crois sans jurer.

MÉNECHME.

Cette femme a fait vœu de me désespérer.

*( à Araminte. )*

Esprit, démon, lutin, ombre, femme, ou furie,
Qui que tu sois enfin, laisse-moi, je te prie,

# SCÈNE IV.

ROBERTIN, MÉNECHME, DÉMOPHON, ISABELLE
ARAMINTE, FINETTE.

DÉMOPHON.

Ah! monsieur Robertin, vous venez justement,
Et nous vous attendons avec empressement.

ROBERTIN.

Je vois avec plaisir toute la compagnie,
Dans un jour plein de joie, en ce lieu réunie.
Je crois que ma présence ici ne déplaît pas,
Sur-tout à la future : elle a beaucoup d'appas ;
Mais un époux bien fait, tel que l'amour lui donne,
Malgré tous ses attraits, manquoit à sa personne ;
Elle n'a maintenant plus rien à désirer.

MÉNECHME.

Si ce n'est d'être veuve, et me voir enterrer :
C'est ce qui met le comble au bonheur d'une femme.

ISABELLE.

De pareils sentiments n'entrent point dans mon ame.

ROBERTIN, à Isabelle.

Monsieur ne pense pas aussi ce qu'il vous dit ;
Votre beauté le charme autant que votre esprit.
Je stipule pour lui que c'est un honnête homme.

MÉNECHME, à Robertin.

Vous vous moquez, monsieur.

ROBERTIN.

Et dans lui l'on renomme
La franchise du cœur qu'il a par préciput.

MÉNECHME, à Robertin.

Je voudrois pouvoir être avec vous but à but.

C'est vous qui des vertus êtes le protocole ;
Et pour vous bien louer je n'ai point de parole.

ROBERTIN.

Puisque, comme je crois, vous êtes tous d'accord,
Il nous faut procéder.

ARAMINTE.

Rien ne presse si fort.
A ce bel hymen, moi, s'il vous plaît, je m'oppose ;
Et j'en ai dans les mains une très juste cause.

DÉMOPHON.

Vous direz vos raisons et vos griefs demain,
Ma sœur. Ne laissons pas d'aller notre chemin.

ROBERTIN.

Voici donc le contrat...

MÉNECHME.

Mais, monsieur le notaire,
Avant tout finissons une certaine affaire,
Qui plus que celle-là me tient sans doute au cœur.

ROBERTIN.

Tout ce qui vous convient est toujours le meilleur.
Je n'aurois pas usé de tant de diligence,
Si vous n'étiez venu chez moi me faire instance
De vouloir achever le contrat au plus tôt.

MÉNECHME.

Vous m'avez vu chez vous ?

ROBERTIN.

Oui, monsieur.

MÉNECHME.

Quand.

ROBERTIN.

Tantôt...

MÉNECHME.

Qui? moi? moi?

ROBERTIN.

Vous; oui, vous : au logis où j'habite.
Vous m'avez fait l'honneur de me rendre visite;
Mais je l'ai bien payé : soixante mille écus
N'ont pas rendu vos pas ni vos soins superflus.

MÉNECHME.

Entendons-nous un peu. Que voulez-vous donc dire?

ROBERTIN.

Vous vous divertissez, vous avez de quoi rire.

MÉNECHME.

Je ne ris nullement, et me fâche à la fin.
Ne vous nommez-vous pas, s'il vous plaît, Robertin?

ROBERTIN.

Oui, l'on me nomme ainsi.

MÉNECHME.

N'êtes-vous pas notaire?

ROBERTIN.

Et de plus honnête homme.

MÉNECHME.

Oh! c'est une autre affaire.
N'avez-vous pas chez vous soixante mille écus
A moi?

ROBERTIN.

Je les avois, mais je ne les ai plus.

MÉNECHME.

Comment donc?

ROBERTIN.

N'est-ce pas Ménechme qu'on vous nomme?

MÉNECHME.

Sans doute.

ROBERTIN.

C'est à vous que j'ai remis la somme,
En bon argent comptant, ou billets au porteur,
Dont j'ai votre quittance ; et c'est là le meilleur.

MÉNECHME.

Quoi ! monsieur, vous auriez le front et l'insolence...

ROBERTIN.

Quoi ! monsieur, vous auriez l'audace et l'impudence...

MÉNECHME.

De dire que j'ai pris soixante mille écus ?

ROBERTIN.

De nier hardiment de les avoir reçus ?

MÉNECHME.

Voilà, je le confesse, un homme abominable.

ROBERTIN.

Voilà, je vous l'avoue, un fourbe détestable.

DÉMOPHON, *se mettant entre deux.*

Eh ! messieurs, doucement; je suis pour vous honteux,
Et je ne sais ici qui croire de vous deux.

ISABELLE.

Monsieur pourroit-il bien avoir l'ame assez noire ?...

ARAMINTE.

Oui, c'est un scélérat qui du crime fait gloire.

FINETTE.

Faites-lui son procès ; et, s'il en est besoin,
Je servirai toujours contre lui de témoin.

# SCÈNE V.

## MÉNECHME, VALENTIN, DÉMOPHON, ARAMINTE, ISABELLE, ROBERTIN, FINETTE.

VALENTIN.

Eh ! qu'est-ce donc, messieurs ? Voilà bien du grabuge !
MÉNECHME, *montrant Valentin.*
De notre différent cet homme sera jugé ;
Il ne m'a point quitté ; je m'en rapporte à lui.

( *à Valentin.* )

Qu'il parle. Ai-je reçu quelque argent aujourd'hui
De monsieur que voilà ?

VALENTIN.

Sans doute, en belle espèce ;
Soixante mille écus, que votre oncle vous laisse,
Vous ont été comptés en argent ou valeur.
MÉNECHME, *le prenant au collet.*
Ah ! maudit faux témoin ! malheureux imposteur !
Tu peux soutenir...

VALENTIN.

Oui, je soutiens que la somme
A tantôt été mise entre les mains d'un homme
Semblable à vous d'habit, de mine, de hauteur.
Qui prétend épouser la fille de monsieur ;
Il s'appelle Ménechme, il est de Picardie ;
Et, si vous le niez, c'est une perfidie.
Je lèverai la main de tout ce que j'ai dit.
ROBERTIN, *à Démophon.*
Vous voyez, s'il se peut un plus méchant esprit,
Plus noir, plus scélérat ! Hélas ! qu'alliez-vous faire ?

Je vous embarquois là dans une belle affaire !

DÉMOPHON, à Ménechme.

Je vous prenois, monsieur, pour un homme de bien,
Mais je vois à présent que vous ne valez rien.

ARAMINTE.

Après ce qu'il m'a fait, il n'est point d'injustice,
De crimes, de noirceurs, dont il ne soit complice.

FINETTE, à Ménechme.

Traître, te voilà donc à la fin confondu !
Sans autre procédure il faut qu'il soit pendu.

MÉNECHME.

Non, je ne pense pas que l'enfer soit capable
De vomir sur la terre, en sa rage exécrable,
Des hommes, des démons si méchants que vous tous ;
Et... je ne puis parler, tant je suis en courroux.

# SCÈNE VI.

LE CHEVALIER, MÉNECHME, DÉMOPHON,
ARAMINTE, ISABELLE, ROBERTIN, VALENTIN,
FINETTE.

LE CHEVALIER, à part.

MA présence, je crois, est ici nécessaire
Pour découvrir le fond d'un surprenant mystère.

DÉMOPHON, apercevant le chevalier.

Qu'est-ce donc que je vois ?

ROBERTIN, apercevant le chevalier.

Quel prodige en ces lieux !

ARAMINTE, apercevant le chevalier.

Quelle aventure, ô ciel ! Dois-je en croire mes yeux ?

FINETTE, *apercevant le chevalier.*

Madame, je ne sais si j'ai le regard trouble,
Si c'est quelque vapeur, mais enfin je vois double.

MÉNECHME, *apercevant le chevalier.*

Quel objet se présente, et que me fait-on voir ?
C'est mon portrait qui marche, ou bien c'est mon miroir

LE CHEVALIER, *à Ménechme.*

Pourquoi prendre, monsieur, mon nom et ma figure ?
Je m'appelle Ménechme, et c'est me faire injure.

MÉNECHME, *à part.*

Voilà, sur ma parole, encor quelque fripon !
( *au chevalier.* )
Et de quel droit, monsieur, me volez-vous mon nom ?
Je ne m'avise point d'aller prendre le vôtre.

LE CHEVALIER.

Pour moi, dès le berceau je n'en ai point eu d'autre.

MÉNECHME.

Mon père, en son vivant, se fit nommer ainsi.

LE CHEVALIER.

Le mien, tant qu'il vécut, porta ce nom aussi.

MÉNECHME.

En accouchant de moi l'on vit mourir ma mère.

LE CHEVALIER.

La mienne est morte aussi de la même manière.

MÉNECHME.

Je suis de Picardie.

LE CHEVALIER
Et moi pareillement.

MÉNECHME.

J'avois un certain frère, un mauvais garnement,
Et dont depuis quinze ans je n'ai nouvelle aucune.

LE CHEVALIER.

Du mien, depuis ce temps, j'ignore la fortune.

MÉNECHME.

Ce frère, étant jumeau, dans tout me ressembloit.

LE CHEVALIER.

Le mien est mon image, et qui me voit le voit.

MÉNECHME.

Mais vous qui me parlez, n'êtes-vous point ce frère ?

LE CHEVALIER.

C'est vous qui l'avez dit; voilà tout le mystère.

MÉNECHME.

Est-il possible? ô ciel !

LE CHEVALIER.

Que cet embrassement

Vous témoigne ma joie et mon ravissement.
Mon frère, est-ce bien vous? Quelle heureuse rencontre
Se peut-il qu'à mes yeux la fortune vous montre ?

MÉNECHME.

Mon frère, en vérité... je m'en réjouis fort :
Mais j'avois cependant compté sur votre mort.

FINETTE, à Araminte.

En tout ceci, madame, il n'y va rien du nôtre ;
Quoi qu'il puisse arriver, nous aurons l'un ou l'autre.

DÉMOPHON.

L'incident que je vois, certes, n'est pas commun.

( à Isabelle. )

Il te faut un époux; en voilà deux pour un ;
Choisis le bon pour toi, ma fille, et te contente.

ISABELLE, reconnoissant la marque du chapea
chevalier.

Puisque vous m'accordez le choix qui se présente,
Portée également de l'une et l'autre part,

*( elle donne la main au chevalier. )*

Je prends monsieur : il faut en courir le hasard.

ARAMINTE, *prenant Ménechme par le bras.*

Et moi, je prends monsieur.

MÉNECHME, *à Araminte.*

Il semble, à vous entendre,

Que vous n'ayez ici qu'à vous baisser et prendre.

VALENTIN, *prenant Finette par le bras.*

Puisque chacun ici prend ce qui lui convient,

Par droit d'aubaine aussi, Finette m'appartient.

ROBERTIN, *prenant les deux frères par le bras.*

Moi, je vous prends tous deux. Je veux que l'on m'instruise

En quelles mains enfin cette somme est remise.

L'un de vous a touché soixante mille écus.

LE CHEVALIER, *à Robertin.*

N'en soyez point en peine, et je les ai reçus.

C'est moi qui, pour la mienne, ayant pris sa valise,

Ai su me prévaloir d'une heureuse méprise ;

C'est lui qui, pour un legs, vient d'arriver ici ;

C'est moi qu'on a cru mort, et qui m'en suis saisi ;

C'est moi qui, dans l'ardeur d'une feinte tendresse,

*( montrant Araminte. )*

A madame autrefois ai fait une promesse :

Et c'est moi qui depuis, brûlant des plus beaux feux

A l'aimable Isabelle ai porté tous mes vœux.

MÉNECHME.

Vous m'avez donc trahi, vous, monsieur le notaire ?

ROBERTIN.

Je n'ai rien fait de mal dans toute cette affaire ;

Et j'ai du testateur suivi l'intention.

Il laisse à son neveu cette succession :

Monsieur l'est comme vous, vous n'avez rien à dire ;

LE CHEVALIER.

Aux arrêts du destin, mon frère, il faut souscrire !
Mais vous aurez bientôt tout lieu d'être content,
Pourvu que, sans éclat, vous vouliez à l'instant,
En épousant madame, acquitter ma parole.

MÉNECHME.

Comment donc ! voulez-vous que j'épouse une folle ?

ARAMINTE, *au chevalier.*

Et de quel droit, monsieur, me faites-vous la loi ?
Je vous trouve plaisant de disposer de moi !

LE CHEVALIER, *à Ménechme et à Araminte.*

Suivez tous deux l'avis d'un homme qui vous aime.
Vous vouliez m'épouser ; c'est un autre moi-même.
Et pour vous faire voir quelle est mon amitié,
De la succession recevez la moitié :
Que trente mille écus facilitent l'affaire.

MÉNECHME, *embrassant le chevalier.*

A ce dernier trait-là je reconnois mon frère.

( *à Araminte.* )

Çà, ma reine, épousons, malgré notre discord.
Nous nous sommes tous deux chanté pouilles à tort,
Moi, vous nommant friponne, et vous, m'appelant traître :
Nous n'avions pas, pour lors, l'honneur de nous connoître.
Bien d'autres, avant nous, en formant ce lien,
S'en sont dit tout autant, et se connoissoient bien.

FINETTE.

Moi, quand ce ne seroit que pour la ressemblance,
Je voudrois l'épouser, sans tant de résistance.

ARAMINTE.

Si je pouvois un jour me résoudre à ce choix,
Je le ferois exprès pour vous punir tous trois.
Vous n'avez, je le vois, que mon bien seul en vue

Mais, en me mariant, votre attente est déçue.
Oui, je l'épouserai, pour me venger de vous,
Lui-donner tout mon bien, et vous désoler tous.

MÉNECHME.

Ce sera très bien fait.

DÉMOPHON, *au chevalier.*

Vous, acceptez ma fille,
Puisqu'un coup du hasard vous met dans ma famille.
Je voulois un Ménechme; en lui donnant la main,
Vous ne changerez rien à mon premier dessein.

LE CHEVALIER.

Dans l'excès du bonheur que le destin m'envoie.
Mon cœur ne peut suffire à contenir sa joie.

VALENTIN.

Chacun, Finette, ici songe à se marier;
Marions-nous aussi, pour nous désennuyer.

FINETTE.

A ne t'en pas mentir, j'en aurois grande envie;
Mais je crains...

VALENTIN.

Que crains-tu ?

FINETTE.

De faire une folie.

VALENTIN.

J'en fais une cent fois bien plus grande que toi,
Et je ne laisse pas de te donner ma foi.

( *aux auditeurs.* )

Messieurs, j'ai réussi dans l'hymen qui s'apprête
De myrte et de laurier je vais ceindre ma tête :
Mais si je méritois vos applaudissements,
Ce jour mettroit le comble à mes contentements.

FIN DES MÉNECHMES.

# POESIES DIVERSES.

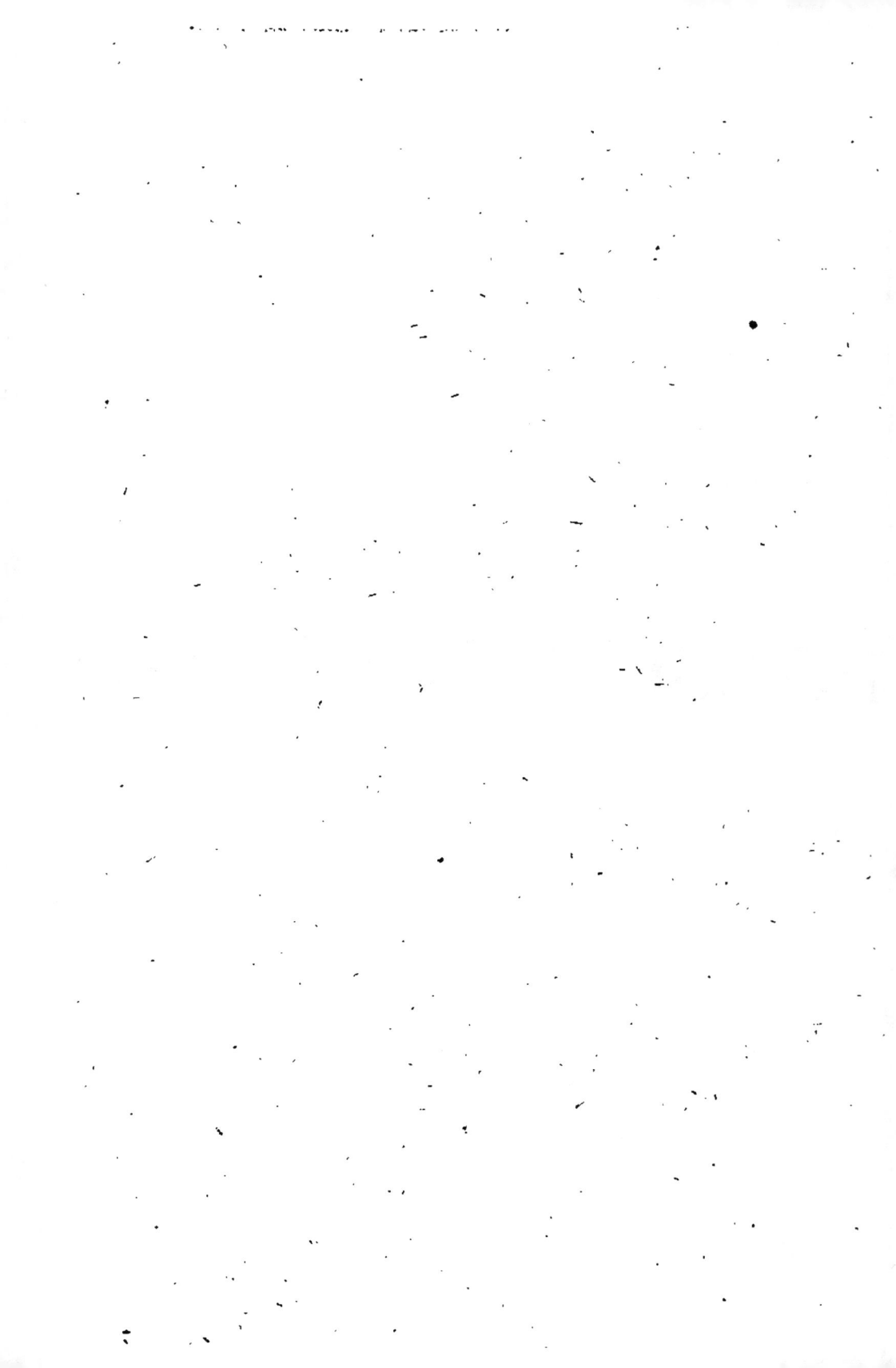

# POÉSIES DIVERSES.

## ÉPITRE I.

### A M. LE MARQUIS DE ***.

Ariste, en vains discours tu t'échauffes la bile;
Réserve tes conseils pour un cœur plus docile:
Tes avis sont fort bons, on doit en faire cas;
Mais, pour t'en parler net, je ne les suivrai pas.
Tel qu'un marchand avide arraché du naufrage,
Des périls échappé je perds toute l'image;
Un fier démon m'agite, et m'oblige à souffrir.
Ce démon, quel est-il? C'est l'ardeur de courir.
Trop gras d'un plein repos, je pars pour l'Italie.
Je suis fou, diras-tu. Qui n'a pas sa folie?
La nature, en naissant, jalouse de son droit,
Marque l'homme à son coin par quelque foible endroit.
Souvent notre bon sens malgré nous s'évapore;
Et nous aurions besoin tous d'un peu d'ellébore.
Pour surcroît de malheur, prévenus follement,
Nous nous applaudissons dans notre égarement.
Moi, vous dira**, que, d'une main profane,
Pour trois fois mille écus je vende mon Albane!
J'aurois perdu l'esprit; non, je n'en ferai rien.
Mais, monsieur... Non, vous dis-je... Il est beau, j'en convie
Jamais l'art triomphant avec tant de noblesse
N'insulta la nature et montra sa foiblesse:
Mais, s'il vous en souvient, depuis un lustre entier,
En cuillères d'étain, en fourchettes d'acier,
Vous mangez le dimanche une fort maigre soupe;
Un pot cassé vous sert de bouteille et de coupe;

Et vous et votre sœur, sans habits et sans bois,
Ne vous chauffez l'hiver qu'en soufflant dans vos doigts.
Voilà d'un fou parfait la parlante peinture,
Dit aussitôt André, qui, docteur en usure,
Compte déjà combien neuf mille francs par mois
Placés modestement, rendent au denier trois.
Il est fou. Qui le nie ? Êtes-vous donc plus sage,
O vous qui, possédant tous les trésors du Tage,
Vous laissez consumer et de soif et de faim,
Plutôt que d'y porter une coupable main ?
Oronte pâle, étique, et presque diaphane,
Par les jeûnes cruels auxquels il se condamne,
Tombe malade enfin : déjà de toutes parts
Le joyeux héritier promène ses regards,
D'un ample coffre-fort contemple la figure,
En perce de ses yeux les ais et la serrure.
Un avide Esculape, en cette extrémité,
Au malade aux abois assure la santé,
S'il veut prendre un sirop que dans sa main il porte.
Que coûte-t-il ? lui dit l'agonisant. Qu'importe ?
Qu'importe ? dites-vous. Je veux savoir combien.
Peu d'argent, lui dit-il. Mais encor ? Presque rien ;
Quinze sous. Juste ciel ! quel brigandage extrême !
On me tue, on me vole : et n'est-ce pas le même
De mourir par la fièvre ou par la pauvreté ?
Non, je n'achète point à ce prix la santé.
Damon est agité d'une fureur contraire ;
Et, dissipant tout l'or qui fit damner son père,
Il fait, en moins d'un an, passer par un cornet
Cinquante mille écus d'un bien et quitte et net.
Qui des deux est plus fou, le prodigue, ou l'avare ?
Tous deux de leurs erreurs sont le jouet bizarre.

Que sert donc aux mortels cette droite raison
Que le ciel leur donna comme un sûr cavesson,
Si rien ne peut brider leur fougue et leur audace ?
Toujours dans les excès nous donnons tête basse ;
Le mal est qu'habillant nos vices en vertus
Notre erreur est toujours ce qui nous plaît le plus.
En dépit d'Apollon D...... veut écrire :
Son frère en vain l'exhorte à quitter la satire,
Il ne veut point changer de style ni de ton ;
Il sait que, bien payé de vingt coups de bâton,
Il gagna plus cent fois, en dépit de l'envie,
Qu'il n'a fait tout l'hiver avec sa comédie :
Laissons donc cet auteur, qui met tout à profit,
Aux dépens de son corps égayer son esprit.
Gillot depuis vingt ans à plaider se tourmente ;
De trente-neuf procès il en perdroit quarante :
Tout maigre et gueux qu'il est, il veut encor plaider ;
L'exemple de Dandin ne sauroit le brider.
Voici le fait. Dandin, pour partager sa vie,
Avoit pris femme laide et servante jolie :
Conduite par l'esprit du démon du palais,
Chacune un beau matin lui suscite un procès.
La femme demandoit que, pour fait d'impuissance,
De permuter d'époux on lui donnât licence ;
La servante vouloit que Dandin fût tenu
D'alimenter l'enfant qu'elle avoit de son crû.
Dandin prenoit en paix la bizarre aventure,
Et se flattoit du moins dans cette procédure,
Malgré tous les détours d'un Maurice importun,
Que de ces deux procès il en gagneroit un :
Il les perdit tous deux ; et, dans la même affaire,
Par un arrêt nouveau fut impuissant et père.

Il n'est point de cerveau qui n'ait quelque travers.
Saint-Jean ne sait pas lire et veut faire des vers
Sur un patin de liège élevant sa chaussure,
Lise veut être grande en dépit de nature.
Damis avoit pour vivre huit mille écus par an,
Hors la main du ministre ; il se fait partisan.
Enfin, chaque homme est fou, tout m'oblige à le dire ;
Et, si ce n'est assez, je veux encor l'écrire.
Tout beau ! me diras-tu, prédicateur en vers ;
Pour trois ou quatre esprits mal timbrés, de travers,
N'allez pas, emporté d'une critique vaine,
Faire ici le procès à la nature humaine.
Je sais bien, cher marquis, que tu n'as aucun trait
De ces fous dont ma plume a tracé le portrait :
Mais toi, qui fais ici le sage de la Grèce,
Ton cœur n'a-t-il jamais ressenti de foiblesse ?
Ce fier tyran de l'ame, amour, ce doux poison,
Dis-moi, n'a-t-il jamais attaqué ta raison ?
Si l'on me voit encore aux pieds de la cruelle,
Dit un amant piqué des rigueurs d'une belle,
Que l'enfer... Doucement... Que la foudre... Eh ! de grace,
Suspendez vos serments. Le premier jour se passe ;
L'amant, comme un reclus, s'enferme en son logis ;
Il sort, le jour suivant, malgré tous ses dépits ;
Il va, revient, s'approche, observe la fenêtre
Où sa maîtresse exprès affecte de paroître.
Qu'arrive-t-il enfin ? Deux mots dans un billet
Rengagent de nouveau l'oiseau dans le filet.
Plein des nouveaux transports de son amour sincère,
En cent mille façons il s'efforce de plaire :
Malgré son aigre voix, qui fait grincer les dents,
Il apprend de Lambert les airs les plus touchants

Quoique d'un âge mûr, tourné vers les cinquante,
Pécourt tous les matins lui montre la courante :
Il use chaque jour de parfums sur son corps
Autant qu'il en faudroit pour embaumer deux morts :
Martyr des nouveautés, pour plaire à sa maîtresse,
Des marchands du palais il épuise l'adresse ;
Changeant, à ses genoux, de geste et de maintien,
Cent fois plus que Baron il est comédien.
Si Célimène rit, à rire il s'évertue ;
Est-elle triste, il pleure ; a-t-elle chaud, il sue ;
Se plaint-elle du froid dans le cœur du mois d'août,
Ce Protée aussitôt s'affuble d'un surtout.
Ce procédé, marquis, te paroît-il bien sage ?
De l'homme cependant voilà la vive image.
Mais je te veux prouver que l'homme est mille fois
Plus dépourvu de sens que les hôtes des bois.
Est-il rien, réponds-moi, de plus cher que la vie ?
Dans chaque être ici-bas cette ardeur réunie
Nous apprend qu'il n'est point de bien plus précieux :
Cependant l'homme seul, bravant ce don des cieux,
A ses jours tant chéris fait sans cesse la guerre ;
Il cherche à se détruire ; et, craignant que sur terre
Il ne manquât de place à creuser des tombeaux,
Il va, bravant Neptune, en chercher sur les eaux.
Ce débauché, fumant de vin et de crapule,
Met lui-même en son sein le poison qui le brûle.
Ceux que la gloire enchaîne à son char éclatant,
Séduits du faux appât d'un espoir décevant,
Ces guerriers, si hardis, vrais enfants d'Alexandre,
Qu'un point d'honneur expose et ne sauroit défendre,
Combien de fois le jour, pleins d'un noble transport,
Pour vivre en l'avenir, courent-ils à la mort !

Tant qu'à la fin d'un plomb la blessure soudaine
D'une confession leur épargne la peine,
Et paie un créancier par un trépas d'éclat,
Aussi-bien que** par des lettres d'état.
O siècles fortunés, où la forge innocente,
Ne brûlant que pour rendre une moisson moins lente
Enfantoit seulement des socs et des rateaux !
Elle ne creusoit point ces terribles métaux
Dont on voit les mortels, insultant à la foudre,
Faire voler la mort avec trois grains de poudre :
On ne faisoit amas que de blés et de vins ;
Mars n'avoit point encor bâti ses magasins,
Ces affreux arsenaux, réservoirs de la guerre,
D'où l'enfer entretient commerce avec la terre.
Voilà l'homme pourtant : et ces folles erreurs
Sont les égarements dignes des plus grands cœurs.
Et tu veux, cher marquis, que je sois le seul sage,
Que je me sauve seul dans un commun naufrage !
Non, non ; conviens plutôt que par mille raisons
Tous les fous ne sont pas aux Petites-Maisons.
Je m'appliquerois mieux au soin de la sagesse,
S'il se trouvoit encore un seul sage en la Grèce.
Mais enfin, puisqu'ici tous les hommes sont fous,
Ce n'est pas un grand mal ; hurlons avec les loups.

# ÉPITRE II.

## A M. L'ABBÉ DE BENTIVOGLIO.

Favori d'Apollon, toi qui sur le Parnasse
D'un vol rapide et fier suis de si près Le Tasse;

Toi, dont les vers galants et libres dans leur cours
Semblent être en tout temps dictés par les amours;
A qui, dans mes transports, je fais gloire de plaire;
Cher abbé, j'ai besoin d'un conseil salutaire.
Je sais que je ne puis mieux m'adresser qu'à toi:
Voici quel est mon fait; de grace, écoute-moi.
Un démon, ennemi du repos de ma vie,
De rimer, en naissant, m'inspira la folie;
Et je n'eus pas encore assemblé douze hivers,
Qu'errant sur l'Hélicon je composai des vers.
Depuis ce temps fatal, ma vie infortunée
Aux fureurs d'Apollon fut toujours condamnée.
Le fantasque qu'il est m'agite à tout propos,
Et se fait un plaisir de troubler mon repos.
Quand, retiré chez moi, que, d'un sommeil tranquille,
Je devrois à mon aise, ainsi que Gémonville,
Entre deux draps bien blancs jusqu'à midi ronflant
Attendre le retour d'un dîner succulent;
Bientôt ce dieu fougueux, me tirant par l'oreille,
S'empare de mes sens, me travaille, m'éveille,
M'arrache de mon lit, et fait tant qu'il m'assied,
Ainsi qu'un criminel, sur le sacré trépied.
Avec l'aide d'un fer le caillou étincelle,
Le feu prend; j'entrevois, j'allume ma chandelle;
Je prends la plume en main, j'écris, et quelquefois,
Pour faire quatre vers, je me mange trois doigts.
Je monte, je descends; sur le bruit que je mène,
On croit dans la maison que c'est une ame en peine:
La servante, en frayeur, se jette à bas du lit,
Et pour le lendemain me promet un obit,
Avec des oraisons de cent ans d'indulgence.
Mais déjà pour un temps ma pauvre ame en élance

Cherche, travaille, sue, efface, ajoute, écrit,
A la torture met son corps et son esprit.
Encor si quelquefois mon indulgente veine,
De mes premiers efforts se contentant sans peine,
A quelque foible endroit vouloit faire quartier,
Je pourrois aisément, comme l'abbé Goutier,
Seul content des transports de ma veine facile,
Fatiguer de mes vers et la cour et la ville.
Mais, hélas ! par malheur, abbé, le croiras-tu ?
Je ne te dirai point si c'est vice ou vertu,
Il me semble toujours, lorsque je viens d'écrire,
Que tout ce que j'ai dit on le pourroit mieux dire ;
Qu'un tel vers, à mon sens, est languissant et froid ;
Que ce mot n'est pas bien placé dans son endroit :
Là, que le bon sens souffre, et qu'ici la pensée
De ténèbres encor se trouve embarrassée.
Ainsi, toujours chagrin, agité de remords,
Si j'en croyois la voix de mes justes transports,
Je cacherois bientôt sous de sages ratures
De mes vers mal polis les honteuses mesures ;
Ou bien, écoutant mieux la voix de la raison,
Le feu me vengeroit des froideurs d'Apollon.
Mais, malgré tous les maux où ma verve m'engage,
Abbé, vois, je te prie, à quel point va ma rage ;
Comme si de ce dieu tous les trésors divers
Ne s'ouvroient que pour moi, je veux faire des vers :
J'ai beau, dans mon bon sens blâmant mon imprudence,
De mes astres malins accuser l'influence ;
Sitôt que mon démon vient m'offrir son secours,
Il faut, comme un torrent, que ma veine ait son cours :
Je me rejette en mer sans crainte de l'orage ;
Et, tout humide encor de mon dernier naufrage,

J'aime mieux mille fois m'abandonner aux flots
Qu'aux charmes indolents d'un ennuyeux repos.
Je serois trop heureux si d'une autre manie
Le ciel ne prenoit soin de traverser ma vie;
Je ne me trouverois à plaindre qu'à demi,
Si je n'avois, abbé, que ce seul ennemi :
De quelque adroit poison dont il vînt me surprendre,
Je crois que je pourrois quelquefois m'en défendre;
Mais un dieu plein de haine est venu dans un jour
Souffler dedans mon cœur tous les feux de l'amour.
Depuis le triste instant qui vit finir ma joie,
Mon cœur de deux bourreaux est devenu la proie,
Et l'un n'a pas plus tôt suspendu sa fureur,
Que l'autre arme sa rage, et déchire mon cœur :
Car, sitôt qu'Apollon souffre que je respire,
L'Amour vient sur ses pas exercer son empire
Et m'offrir un objet qui fut fait par les dieux
Pour le tourment des cœurs et le plaisir des yeux.
Que ce plaisir fatal m'a fait verser de larmes !
Qu'il en coûte à mon cœur d'avoir vu tant de charmes
Et qu'il s'en faut, grands dieux ! dans cet engagement
Que le plaisir, hélas ! égale le tourment !
Je veux à chaque instant m'échapper de ma chaîne;
J'appelle à mon secours le dépit et la haine,
La raison, ses froideurs, les maux que j'ai soufferts :
Mais, toujours malgré moi retenu dans mes fers,
Plus je forme d'efforts, plus ma rebelle flamme,
S'irritant par mes soins, s'allume dans mon ame.
Trop heureux Q....qui peux en un seul jour
Changer trois fois d'habit, de cheval, et d'amour;
Qui peux facilement, d'une flamme légère,
Passer du blond au brun, de la fille à la mère.

Pour le premier objet ton cœur est toujours prêt :
Tes plaisirs, il est vrai, sont sans goût, sans attrait ;
Mais tu fais cependant, quoi qu'on en veuille rire,
L'amour sans rien souffrir, et même sans le dire.
Que je serois heureux, si le ciel, en naissant,
N'eût donné, comme à toi, ce merveilleux talent ;
Ou, comme à Robineau, qu'il eût mis dans ma bouche
Ces accents doucereux, ce langage qui touche,
Cet air tendre et flatteur, et ce discours concis
Qui fait qu'avec deux mots un cœur se trouve pris !
Mais, hélas ! je n'ai rien de ce qu'il faut pour plaire ;
Je ne puis bien parler, et ne saurois me taire.
Je me consolerois, si comme au siècle d'or
Les amants d'aujourd'hui faisoient l'amour encor.
La bouche étoit du cœur la fidèle interprète :
On n'appréhendoit point alors qu'une coquette
Apprît à ses soupirs quand ils devoient sortir,
Et que même les fleurs servissent à mentir,
Qu'une fausse bonté, succédant à la haine,
Vînt arrêter un cœur prêt à rompre sa chaine.
On ignoroit encor l'art de dissimuler :
Qui plus avoit d'amour mieux en savoit parler ;
Dès que l'on aimoit bien on étoit sûr de plaire :
Aussi, par un retour et juste et nécessaire,
Il arrivoit toujours que le plus amoureux,
Malgré tous ses rivaux, étoit le plus heureux.
Ce beau temps est passé ; tout a changé de face ;
Et l'amour aujourd'hui ne se fait qu'en grimace :
Il faut être bourru, chagrin, fâcheux, jaloux,
Et plus prompt que Rodrigue à se mettre en courroux.
Moi-même le premier je sens cette foiblesse :
Qu'une mouche bourdonne autour de ma maitresse,

Et vienne impudemment sur ses lèvres s'asseoir,
Ou qu'un zéphyr fripon lui lève son mouchoir,
Soudain j'entre en fureur, je pâlis, je frissonne,
Et je crois avoir vu mon rival en personne :
Je languis, je me plains, quand je vois ses appas ;
Je ne souffre pas moins quand je ne les vois pas
Ainsi, toujours fâcheux, odieux à moi-même,
Je passe tous mes jours dans une horreur extrême ;
Je m'ennuie étant seul, le monde me déplaît,
Et ne puis dire enfin si mon cœur aime ou hait.
Voilà depuis cinq ans la vie que je mène :
Mais enfin il est temps que je sorte de peine ;
Et je viens dans ces vers, abbé, te consulter.
De deux rudes métiers lequel dois-je quitter ?
Cesserai-je d'aimer, ou bien d'être poëte ?
Tu vas me conseiller, en personne discrète,
De laisser l'un et l'autre, et les vers et l'amour.
Il est vrai ; mais c'est trop entreprendre en un jour.
Et tu seras encore un saint d'un grand mérite,
Si tu peux par conseils, par art, par eau bénite,
Exorciser en moi l'un de ces deux démons.
Abbé, je t'en conjure ; et si par tes sermons
Apollon et l'Amour peuvent quitter la place,
S'il en rentre en mon cœur jamais la moindre trace,
Je consens que mon bras, chargé de nouveaux fers,
De l'Ottoman encor fasse écumer les mers ;
De n'aller qu'en béquille, ou sur une civière ;
De ne faire concert qu'avecque Goupillière ;
Et, pour comble à la fois d'ennuis et de tourment,
De ne voir de trois mois la belle Lallemant.

En effet qui sait mieux dans les plus froides ame,
Allumer les brasiers des amoureuses flammes ?
On diroit que l'amour t'a remis son carquois,
Qu'il frappe par tes coups, et touche par ta voix :
Si tu chantes Louis, que l'univers révère,
Tu cesses d'être Ovide, et prends le ton d'Homère.
Quelle gloire pour toi que tes illustres vers
Aient donné matière à ces nobles concerts
Qui vont porter ton nom du midi jusqu'à l'ourse,
Et du couchant aux lieux où le jour prend sa source !
A l'ombre de ce nom, cher Quinault, ne crains pas
D'être soumis aux lois d'un injuste trépas ;
A l'injure des ans ta gloire est arrachée,
Puisqu'elle est pour jamais à Louis attachée.
Heureux, si, comme toi, plein de divins transports
Je lui pouvois un jour consacrer mes efforts !
Mais foible et vain désir ! Quelle muse assez fière
Osera maintenant entrer dans la carrière !
Campistron m'apprend trop, dans de pareils combats,
Les dangers que l'on court en marchant sur ses pas ;
Je repousse bien loin de flatteuses amorces.
Et sais mieux mesurer mes desseins à mes forces.
Que d'autres, plus hardis, dans ces nobles travaux
S'efforcent d'imiter Racine et Despréaux ;
Mais moi, je n'irai point, trop altéré de gloire,
Honorer le triomphe acquis à leur victoire ;
Content de t'admirer dans un vol glorieux,
Je te suivrai, Quinault, et du cœur et des yeux

# ÉPITRE III

## A M. QUINAULT,

Auditeur en la chambre des comptes, l'un des quarante de l'académie françoise, et de celle des inscriptions et belles-lettres.

Favori des neuf sœurs, toi que l'amour fit naître
Pour être en l'art d'aimer et le guide et le maître,
Et dont les vers coulants, libres, et pleins d'attraits,
Fournissent à ce dieu les plus sûrs de ses traits ;
Toi qui connois si bien le cœur et la tendresse,
Quinault, souffre aujourd'hui qu'à toi seul je m'adresse
Pour châtier des vers, enfants d'un noble feu,
Qui n'avoit d'Apollon peut-être aucun aveu.
Juge juste et sévère, ajoute, change, efface ;
Viens des vers trop pompeux humilier l'audace ;
Fais à de languissants prendre un plus noble essor :
Sous tes critiques mains tout va devenir or.
Si mon foible travail s'attire quelque gloire,
Je te la devrai plus qu'aux filles de Mémoire ;
Et pour élève enfin si tu veux m'avouer,
C'est par cet endroit seul qu'il faudra me louer :
Car enfin, de tes traits admirateur fidèle,
Où trouverai-je ailleurs un plus parfait modèle,
Soit que ma muse un jour donne à Lulli des vers,
Soupire d'un cœur tendre et digne de ses airs ;
Soit que je veuille encor, d'une plus forte haleine,
Pour le cothurne altier faire couler ma veine ;
Ou qu'un plus noble feu m'emportant vers les cieux
Je chante d'un héros les exploits glorieux ?

# ÉPITRE IV.

## A M. DU VAULX.

Toi que, pour un faux pas, un sort trop inhumain
Attache sur un lit avec des clous d'airain,
Quel que soit le chagrin dont ton ame est saisie,
Du Vaulx, le croirois-tu ? ton sort me fait envie :
Non que j'ignore à quoi doivent aller tes maux ;
De longs frémissements troubleront ton repos ;
Une maligne humeur sur ta jambe épandue
Par cent élancements cherchera son issue :
Je sais que trente fois, dans son char radieux,
Le soleil fournira la carrière des cieux
Avant que, pleinement remis de ta disgrace,
Ton pied dans tes vergers laisse après toi sa trace,
Ou que, voulant tromper les hivers et les vents,
Tes chevaux à Paris te mènent à pas lents.
    Si cet éloignement, à ton humeur trop rude,
Des maux que tu ressens aigrit l'inquiétude,
Que dans nos sentiments nous différons tous deux !
Car c'est par cet endroit que je te trouve heureux.
Tu vis tranquille aux champs, tandis qu'en cette ville
Rien ne s'offre à mes yeux qui n'échauffe ma bile :
Pendant un mois au moins les tiens ne verront pas
Mille objets de chagrin qu'on trouve à chaque pas ;
Un ** embrassant l'une et l'autre portière
D'un char dont autrefois il ornoit le derrière,
Traîné par des coursiers qui, d'un pas menaçant,
Font trembler les pavés et gronder le passant :
Tu n'es point obligé, tout dégouttant de boue,
De serrer les maisons de peur qu'on ne te roue,

Et, demeurant long-temps contre le mur collé,
De voir encor passer le train de Champmêlé.
Tu ne crains point, du Vaulx, qu'au détour d'une rue
Dainville vienne à toi, malgré sa courte vue,
Et, vomissant des vers fades et mal tournés,
N'infecte ton esprit encor plus que ton nez;
Tu ne vois point d'un fat l'ennuyeuse figure,
Bouffi du vain orgueil de sa magistrature,
Insulter au bon sens, et n'offrir pour vertus
Que trois laquais en jaune, et cent fois mille écus.
Pour moi, qui cède au cours d'une humeur incertaine,
Et qui vais jour et nuit où le plaisir m'entraîne,
Quelque soin que je prenne à détourner mes yeux,
Les sots ou les fripons me cherchent en tous lieux.
Je rencontre Alidor, dont la haute impudence
Croit duper jusqu'à Dieu par sa sainte apparence,
Et qui, sous un dehors charitable et pieux,
Cache un franc usurier : Bernard, Portail, Brieux,
Ont gémi sous le poids des intérêts qu'il tire;
Et c'est le…. enfin, puisqu'il faut te le dire.
Le…., me diras-tu ! parlez mieux, s'il vous plaît;
Le…. est honnête homme : il est vrai qu'il connoît
Combien sur un billet par mois on doit rabattre,
Et ce que cent écus rendent au denier quatre;
Mais du pauvre en revanche il fournit aux besoins,
Et l'on voit l'hôtel-dieu prospérer pas ses soins.
Je me tais : car enfin je vois, plus j'examine,
Qu'être honnête homme ici c'est en avoir la mine.
Damon, midi sonnant, vêtu d'un habit noir,
Un dimanche dans l'œuvre au sermon vient s'asseoir;
D'un gros livre à l'instant, que son bras porte à peine,
Il parcourt les feuillets, et les lit d'une haleine:

Tu croirois, à le voir, que le ciel en courroux
Suspend en sa faveur tous ses carreaux sur nous ;
Mais prends garde à ce fourbe, et, par trop d'imprudence
Ne va pas d'un dépôt charger sa conscience ;
Tu le verrois bientôt, avec un front d'airain,
Nier d'avoir reçu ce qu'il prit de ta main ;
Et par mille serments, au mépris du tonnerre,
Attester hautement et le ciel et la terre.
Mais je t'entends déjà, d'un ton de défenseur,
Blâmer les traits aigus de mon esprit censeur ;
Et, lâche adulateur, t'élever, et me dire
Que ces emportements sont bons pour la satire ;
Qu'on peut trouver encor quelque honnête homme ici,
Et que tous ne sont pas faits comme... .
Ariste, diras-tu, n'est-il pas un modèle
D'un homme plein d'honneur, et d'un ami fidèle ?
N'est-il pas doux, sincère, obligeant, généreux ?
D'accord : mais, entre nous, il n'est pas malheureux
D'avoir pu se purger, quoi que dans lui l'on vante,
De maints fâcheux griefs sus dans la chambre ardente.
　Tout mortel porte un fonds corrompu, vicieux :
Le plus saint est celui qui le cache le mieux ;
Et la vertu qu'on voit, si l'on en voit quelqu'une
N'est qu'un effet de l'art, ou bien de la fortune.
　D'un intrépide cœur Crispin, plus de vingt fois,
A frustré dans Paris le gibet de ses droits :
Cependant aujourd'hui le premier à l'église,
Le ciel ne fait de bien que par son entremise ;
Il est dévot, pieux, et pour n'en dire rien,
C'est qu'il a pris assez pour être homme de bien ;
Que de mille orphelins il a fait des victimes,
Et ses vertus ne sont que le fruit de ses crimes.

Sans les coups imprévus d'un outrageant cornet,
Ou les revers affreux d'un maudit lansquenet,
Verroit-on d'O..., plein d'une ardeur nouvelle,
Servir les hôpitaux, prier Dieu d'un grand zèle?
Non, autour d'une table, assis en quelque lieu,
De tout autre manière il parleroit à Dieu.
Mais je m'emporte trop, et ma mordante veine
Des esprit mal tournés va m'attirer la haine.
Et que veux-je de plus? Si tu m'aimes, du Vaulx,
Je suis assez vengé de la haine des sots.
Démocrite, après tout, l'estima-t-on moins sage,
Lorsque d'un ris moqueur il châtioit son âge,
Et que las des Lombards qu'il trouvoit en tous lieux,
Pour n'en plus voir enfin, il se creva les yeux?
    Cependant de son temps voyoit-on dans Abdère
Un Pécourt de ses airs insulter le paterre?
Voyoit-on la... sous un dais de velours?
La... d'un duc devenir les amours,
Après que chacun sait qu'autrefois de chez elle
On ne faisoit qu'un saut chez Bessière ou Morelle?
Il ne rencontroit point alors en son chemin
Une mule à pas lents traînant un médecin,
Et n'auroit jamais cru qu'en ce temps où nous sommes
On eût mis à profit l'art de tuer les hommes.
Que diroit-il, grands dieux! si, sur les fleurs de lis,
Il voyoit au palais un magistrat assis,
Qui, malgré les clameurs de Maurice en furie,
Se dédommage à fond d'une longue insomnie,
Et, n'ayant pas du fait entendu quatre mots,
Pour donner un arrêt, se réveille en sursaut;
S'il voyoit des repas dont la folle dépense
Des eaux et des forêts épuise l'abondance;

S'il voyoit un sénat de cuisiniers fameux
Pour quelque nouveau mets tenir conseil entre eux,
Donner des lois au goût, et, pour le satisfaire,
Y décider en chef des points de bonne chère ?

Mais voilà bien prêcher, me dira Daigremont,
Qui, comme moi, souvent bâille et dort au sermon.
A quoi bon ces chagrins ? quel démon vous agite ?
En vain contre les mœurs la raison vous irrite,
Par quatre méchants vers, peut-être déjà dits,
Croyez-vous changer l'homme et redresser Paris ?
Non ; je sais que vouloir réformer cette ville,
C'est tracer sur le sable un sillon inutile ;
Que Bourdaloue et moi nous prêcherions mille ans,
Avant que la D..... se passât de galants.
Je sais que Saint-O...., quoi qu'on fasse et qu'on die,
Sera fripon au jeu tout le temps de sa vie.
Mais du moins je fais voir que, marchant loin des sots,
Je sépare souvent le vrai d'avec le faux,
Je distingue *** d'avec un homme sage ;
Je ne suis point enfin la dupe de mon âge.

# ÉPITRE V.

Quoi ! toujours prévenu des sentiments vulgaires,
Ne sortiras-tu point des routes ordinaires ?
Et veux-tu, te laissant entraîner au torrent,
Toujours dans ses erreurs suivre un peuple ignorant ?
Ne pourrai-je à la fin te mettre dans la tête
Que ces opinions où le peuple s'arrête
Sont ces faux loups-garoux, ces masques effrayants,
Ces spectres dont ici l'on fait peur aux enfants ?

Ne sais-tu point encor, par ton expérience,
Que tout ce qu'ici-bas on appelle science
N'est qu'un abîme obscur, où nous trouvons enfin
Qu'il n'est rien de si sûr que tout est incertain ;
Qu'une femme en sait plus que \*\*\* ?
Tu ris ! Qu'a donc, dis-moi, ce discours qui t'étonne ?
Je ne veux que deux mots pour te pousser à bout.
Qu'est-ce que le savoir ? l'art de douter de tout.
Ignorer ou douter étant la même chose,
Un simple esprit, certain de ce qu'on lui propose,
N'est-il pas, réponds-moi, mille fois plus savant
Dans ses égarements, que ce docte ignorant,
Lequel, interrogé si le soleil éclaire,
Répond : Je n'en sais rien ; j'en doute ; il se peut faire.
Mais il faut s'égayer ; et, sur le même ton,
Après t'avoir prouvé par plus d'une raison
Que l'homme ne sait rien qu'à force d'ignorance,
Sceptique dangereux, je dis plus, et j'avance
Que le bien et le mal n'est qu'en opinion ;
Que faire l'un ou l'autre est faire une action
Que la loi seulement défend ou rend licite,
Et qui ne porte en soi ni crime ni mérite ;
Que l'un dans l'autre enfin est si fort confondu,
Que le bien est un mal, le crime une vertu.
Ma doctrine n'est pas tout-à-fait orthodoxe,
J'en conviens, et je sais qu'un pareil paradoxe
Du portique incertain a toujours pris l'essor.
Mais il faut le prouver comme l'autre : d'accord.
Le bien dont nous parlons n'est-il pas d'une essence
Qui ne prend que de soi toute son excellence ;
Qui, recherché de tous, et toujours précieux,
N'emprunte sa valeur ni du temps ni des lieux ?

10.

Le mal est, d'autre part, ce qu'une voix tacite
Nous dit être mauvais, et que chacun évite.
Or, dis-moi, quelle chose est d'un goût général
Ici-bas reconnue ou pour bien ou pour mal ?
Chaque peuple, à son gré, conduit par ses caprices,
N'a-t-il pas ordonné des vertus et des vices ;
Et, sans de la raison écouter trop la voix,
Ce qui fut mal en soi fut fait bien par les lois.
Chacun, dans ses erreurs, ou fâcheux, ou commode,
S'établit une loi purement à sa mode.
Ainsi l'on voit du Nil les brûlés habitants
Peindre les anges noirs, comme les démons blancs.
Le porc est chez l'Hébreu le morceau détestable,
Le porc, chez les Chrétiens, est l'honneur de la table;
Et sur le même mets nous voyons attaché,
Pour les uns du plaisir, pour d'autres du péché.
L'Ottoman ne sauroit boire du vin sans crime,
Le Germain, s'il n'en boit, ne peut être en estime :
Et c'est une vertu, sur les rives du Rhin,
De perdre la raison pour faire honneur au vin.
On a, dans mille lieux, vingt femmes en réserve ;
Deux suffisent ici pour aller droit en Grève :
Même les plus sensés, craignant le nom de sot,
Ont jugé sainement qu'une étoit encor trop.
Un mari, redoutant les coups de la tempête
Dont le musqué blondin vient menacer sa tête,
Croit qu'il n'est point au monde un plus sensible affront
Que celui qui, sans bruit, le peut marquer au front,
Et qu'il n'est devant Dieu d'actions plus énormes
Que ces crimes féconds qui font pousser les cornes.
Il n'en est pas de même en ces tristes pays
Que sous d'âpres glaçons l'aquilon tient transis.

Qui le sait mieux que moi ? La froide Laponie
De ces sottes erreurs ignore la manie :
Pour honorer son hôte, il faut (me croiras-tu ?)
Prendre le soin fâcheux de le faire cocu.
Cocu ! vous vous moquez. Bon ! il n'est pas possible.
Et pourquoi non ? Qu'a donc ce mot de si terrible ?
Les femmes n'en ont pas, comme toi, tant de peur.
Cela fut bon jadis. Voyez le grand malheur,
Quand ton nom des cocus grossira le volume,
Si ton front à la chose aisément s'accoutume !
Eh ! pourquoi, sans raison, du seul mot s'effrayer ?
Je le dis entre nous ; il faut que ce métier
Ne soit pas, après tout, un si rude exercice,
Puisqu'on voit tous les jours dedans cette milice
Des flots d'honnêtes gens venir prendre parti
Mais je reviens au point duquel je suis sorti ;
Et je dis qu'il n'est point de vertu ni de vice
Qui ne change de nom suivant notre caprice,
Et que tout, ici-bas, est diversement pris
Par gens les plus sensés et les plus beaux esprits.
  Ces lieux si décriés, que ces femmes humaines
Tiennent pour soulager les amoureuses peines,
Ces temples de Vénus, où l'on voit si souvent
Le commissaire en robe, appuyé d'un sergent ;
Ces lieux contre lesquels le dévot voisinage.
Va déchaîner son zèle et déployer sa rage,
Sont détestés en France, et bénis au Levant,
Où l'on voit tous les jours le pieux Musulman
Fonder sur les chemins, par un excès de zèle
Ainsi qu'un hôpital, ou bien une chapelle,
De ces lieux que l'on trouve ici si dangereux,
Pour les pressants besoins du passant amoureux.

Cependant, à nous voir, nous sommes les seuls sages;
Rien ne fut mieux conçu que nos lois, nos usages.
Il est vrai : mais bientôt, par de bonnes raisons,
L'Indien va nous placer aux Petites-Maisons.
En effet, dira-t-il, quelle fureur extrême
De mettre en terre un corps qu'on chérit, que l'on aime,
Pour être indignément la pâture des vers !
Qu'avec plus de raison, en cent ragoûts divers,
Le fils mangeant le père, il lui rend en partie
Ce qu'il reçut de lui quand il vint à la vie ;
Et, ranimant sa chair, et réchauffant son sang,
Il lui fait de son corps un sépulcre vivant !
Quelle horreur ne font pas ces sentiments bizarres !
Mais pourtant dans ces lieux si cruels, si barbares,
Nous-mêmes nous passons pour des gens sans amour,
Ingrats, dénaturés, et peu dignes du jour.
Je le dirai : non, non, il n'est point de folie
Qui ne soit ici-bas en sagesse établie,
Point de mal qui pour bien ne puisse être reçu,
Et point de crime enfin qu'on n'habille en vertu.
Un voleur, par la ville, en pompeuse ordonnance,
Est du fond d'un cachot conduit à la potence :
La raison, l'équité, la coutume, les lois,
Pour demander sa mort tout élève sa voix.
En jugiez-vous ainsi jadis, Lacédémone,
Quand, par votre ordre exprès, une illustre couronne
Venoit ceindre le front du plus adroit voleur,
Qu'on renvoyoit comblé de présents et d'honneur ?
Cependant les décrets que vous sûtes écrire
Furent reçus dans Rome ; et ce fameux empire
Qui prescrivoit des lois à l'univers jaloux
Se fit toujours honneur d'en recevoir de vous.

Mais pourquoi s'étonner que des lois étrangères
Soient, suivant le caprice, aux nôtres si contraires ?
Nous-mêmes, sans raison, à nous-même opposés,
Nous punissons des faits par nous-même encensés ;
Et, sans avoir pour nous des raisons légitimes,
Le succès fait toujours nos vertus et nos crimes.
Il est vrai, j'en conviens, nous voyons parmi nous
Les suivants de Thémis, de leur pouvoir jaloux,
Contre des malheureux déchaîner leur colère.
Mais ces voleurs fameux de la première sphère,
Ces riches partisans, ces heureux scélérats,
Malgré tous leurs forfaits, ne les voyons-nous pas,
A force d'entasser injustices sur crimes,
Se tracer une route aux rangs les plus sublimes ?
Voler au coin d'un bois pour éviter la faim,
C'en est trop pour mourir d'un supplice inhumain ;
Mais, sous le faux semblant de l'intérêt du prince,
Désoler en un an la plus riche province,
Faire gémir le peuple, accabler l'équité,
Se faire une vertu de son iniquité,
Immoler tous les jours d'innocentes victimes,
Et remporter enfin, pour le fruit de ses crimes,
Le repos malheureux de n'en connoître plus ;
Voilà, voilà des faits dont se sont prévalus
Ceux qu'on a vus par-là mériter l'alliance
D'un duc et pair, ou bien d'un maréchal de France.
Par cent bouches d'airain mettre une ville à bas,
Ravir une province, enlever des états,
Déposséder des rois affermis sur le trône,
Leur ôter en un jour la vie et la couronne,
Précipiter enfin cent peuples dans les fers,
Et porter l'épouvante aux coins de l'univers ;

N'est-ce pas là courir de victoire en victoire,
Et faire des exploits d'éternelle mémoire ?
Répandre un peu de sang, c'est être un assassin,
C'est être du gibet l'honneur et le butin ;
Mais de ruisseaux de sang inonder les campagnes,
De morts et de mourants élever des montagnes,
Immoler l'univers à toute sa fureur,
A force de trépas, de carnage, et d'horreur,
Obliger le soleil à rebrousser sa course,
Et révolter les eaux contre leur propre source :
Que fîtes-vous jamais, illustres conquérants,
Pour mériter le nom d'invincibles, de grands,
Que ces fameux forfaits que l'univers admire ?
N'est-ce pas à ce prix qu'on achète un empire ?
Et vous eût-on jamais élevé des autels,
Si vous n'eussiez été qu'à demi criminels ?
Pourquoi commandes-tu que je perde la vie ?
Dit ce corsaire un jour au vainqueur de l'Asie ?
Ce fut toi qui m'appris, en pillant l'univers,
Le métier malheureux de voler sur les mers :
Nous exerçons tous deux le même art de pirate ;
En cela différents, que toi, dessus l'Euphrate,
Tu ravis tous les jours des empires nouveaux,
Et que moi je ne prends sur mer que des vaisseaux.
N'avoit-il pas raison ? Car si, pour le bien prendre,
Le corsaire eût été plus voleur qu'Alexandre,
Par un fâcheux revers alors on auroit vu
Le premier sur le trône, et le second pendu.

La plus belle action n'est bien souvent qu'un vice.
Romains, vous l'enseigniez, quand du dernier supplice
Vous punissiez vos fils en criminels d'état,
Quand ils avoient vaincu sans l'ordre du sénat.

De si hautes vertus, de si rares maximes,
Par leur trop de hauteur dégénèrent en crimes ;
Et le crime élevé, de gloire revêtu,
Perd son nom dans son vol, et se change en vertu.
Que je te plains, hélas ! malheureuse duchesse,
D'être du campagnard et du clerc la maîtresse !
Tu vois depuis quinze ans, dans ton indigne emploi,
Ta honte tous les jours s'élever contre toi :
Si, comme une Laïs, où comme une Faustère,
Tu pouvois captiver les maîtres de la terre,
Ou, t'élevant enfin par quelque coup d'éclat,
Devenir les amours d'un ministre d'état ;
Alors certes, alors, ennoblie, estimée,
Tu verrois de ton sort changer la renommée ;
Tu verrois, dans l'état, tout soumis à tes lois ;
Seule tu donnerois les charges, les emplois ;
Quoi ! tu voudrois aller par la ville en carrosse ;
Tu verrois à tes pieds et l'épée et la crosse ;
Et la France viendroit, ne jurant que par toi,
T'implorer comme on fait le tout-puissant Louvois.
Plutôt que d'épuiser une telle matière,
Je compterois vingt fois combien au cimetière
Pilon, l'homme aux pardons, a fait porter de corps,
Combien au jeu Robert a perdu de trésors,
Et combien la Milieu, la beauté de notre âge,
A de fois en un an recrépi son visage.

# ÉPITRE VI

## A M. ***

Si tu peux te résoudre à quitter ton logis,
Où l'or et l'outremer brillent sur les lambris,
Et laisser cette table avec ordre servie,
Viens, pourvu que l'amour ailleurs ne te convie,
Prendre un repas chez moi, demain dernier janvier,
Dont le seul appétit sera le cuisinier.
Je te garde avec soin, mieux que mon patrimoine,
D'un vin exquis sorti des pressoirs de ce moine
Fameux dans Ovilé, plus que ne fut jamais
Le défenseur du clos vanté par Rabelais.
Trois convives connus, sans amour, sans affaires,
Discrets, qui n'iront point révéler nos mystères,
Seront par moi choisis pour orner ce festin.
Là, par cent mots piquants, enfants nés dans le vin,
Nous donnerons l'essor à cette noble audace
Qui fait sortir la joie, et qu'avoueroit Horace.
      Peut-être ignores-tu dans quel coin reculé
J'habite dans Paris, citoyen exilé,
Et me cache aux regards du profane vulgaire ?
Si tu le veux savoir, je vais te satisfaire.
Au bout de cette rue où ce grand cardinal,
Ce prêtre conquérant, ce prélat amiral,
Laissa pour monument une triste fontaine,
Qui fait dire au passant que cet homme, en sa haine,
Qui du trône ébranlé soutint tout le fardeau,
Sut répandre le sang plus largement que l'eau,

S'élève une maison modeste et retirée,
Dont le chagrin sur-tout ne connoît point l'entrée ·
L'œil voit d'abord ce mont dont les antres profonds
Fournissent à Paris l'honneur de ses plafonds,
Où de trente moulins les ailes étendues
M'apprennent chaque jour quel vent chasse les nues :
Le jardin est étroit ; mais les yeux satisfaits
S'y promènent au loin sur de vastes marais.
C'est là qu'en mille endroits laissant errer ma vue
Je vois croître à plaisir l'oseille et la laitue ;
C'est là que, dans son temps, des moissons d'artichauts
Du jardinier actif secondent les travaux,
Et que de champignons une couche voisine
Ne fait, quand il me plaît, qu'un saut dans ma cuisine :
Là, de Vertumne enfin les trésors précieux
Charment également et le goût et les yeux.
Dans le sein fortuné de ce réduit tranquille,
Je ne veux point savoir ce qu'on fait dans la ville ;
J'ignore si Paris fait des feux pour la paix ;
Mes yeux ne voient point un maudit Bourvalais
Dans un char surdoré jouir avec audace
Des indignes regards dont chacun le menace ;
Je n'entends point crier tant de nouveaux ....
De l'avare cerveau de ..... sortis.
Libre d'ambition, d'amour, de jalousie,
Cynique mitigé, je jouis de la vie ;
Et, pour comble de biens, dans ce lieu retiré,
Je n'y connus jamais ni M..... ni G.....

Dans ce logis pourtant, humble, et dont les tentures
Dans l'eau des Gobelins n'ont point pris leurs teintures,
Où Mansard de son art ne donna point les lois,
Sais-tu quel hôte, ami, j'ai reçu quelquefois ?

REGNARD IV,                                11

Enghien, qui, ne suivant que la gloire pour guide,
Vers l'immortalité prend un vol si rapide,
Et que Nervinde a vu, par des faits inouis,
Enchaîner la victoire aux drapeaux de Louis:
Ce prince, respecté, moins par son rang suprême
Que par tant de vertus qu'il ne doit qu'à lui-même,
A fait plus d'une fois, fatigué de Marly,
De ce simple séjour un autre Chantilly.
Conti, le grand Conti, que la gloire environne,
Plus orné par son nom que par une couronne,
Qui voit, de tous côtés, du peuple et des soldats
Et les cœurs et les yeux voler devant ses pas ;
A qui Mars et l'Amour donnent, quand il commande,
De myrte et de laurier une double guirlande ;
Dont l'esprit pénétrant, vif, et plein de clarté,
Est un rayon sorti de la divinité,
A daigné quelquefois, sans bruit, dans le silence,
Honorer ce réduit de sa noble présence.
Ces héros, méprisant tout l'or de leurs buffets,
Contents d'un linge blanc, et de verres bien nets,
Qui ne recevoient point la liqueur infidèle
Que Rousseau * fit chez lui d'une main criminelle,
Ont souffert un repas simple et non préparé,
Où l'art des cuisiniers, sainement ignoré,
N'étaloit point au goût la funeste élégance
De cent ragoûts divers que produit l'abondance ;
Mais où le sel attique, à propos répandu,
Dédommageoit assez d'un entremets perdu.
    C'est à de tels repas que je te sollicite ;
C'est dans cette maison que ma lettre t'invite.

---

* Marchand de vin.

Ma servante déjà, dans ses nobles transports,
A fait à deux chapons passer les sombres bords.
Ami, viens donc demain, avant qu'il soit une heure.
Si le hasard te fait oublier ma demeure,
Ne va pas t'aviser, pour trouver ma maison,
Aux gens des environs d'aller nommer mon nom ;
Depuis trois ans et plus, dans tout le voisinage,
On ne sait, grace au ciel, mon nom ni mon visage :
Mais demande d'abord où loge dans ces lieux
Un homme qui, poussé d'un désir curieux,
Dès ses plus jeunes ans sut percer où l'Aurore
Voit de ses premiers feux les peuples du Bosphore ;
Qui, parcourant le sein des infidèles mers,
Par le fier Ottoman se vit chargé de fers ;
Qui prit, rompant sa chaîne, une nouvelle course
Vers les tristes Lapons que gèle et transit l'Ourse,
Et s'ouvrit un chemin jusqu'aux bords retirés
Où les feux du soleil sont six mois ignorés.
Mes voisins ont appris l'histoire de ma vie,
Dont mon valet causeur souvent les désennuie.
Demande-leur encor où loge, en ce marais,
Un magistrat qu'on voit rarement au palais ;
Qui, revenant chez lui lorsque chacun sommeille,
Du bruit de ses chevaux bien souvent les réveille ;
Chez qui l'on voit entrer pour orner ses celliers,
Force quartauts de vin, et point de créanciers.
Si tu veux, cher ami, leur parler de la sorte,
Aucun ne manquera de te montrer ma porte.
C'est là qu'au premier coup tu verras accourir
Un valet diligent qui viendra pour t'ouvrir ;
Tu seras aussitôt conduit dans une chambre
Où l'on brave à loisir les fureurs de décembre.

Déjà le feu, dressé d'une prodigue main,
S'allume en petillant. Adieu, jusqu'à demain.

~~~~~~~~~~~~~~~~~~~~~~~~~~~~~~~~~~~~~~~~~~

# SUR LE MARIAGE.

## STANCES.

En ce temps malheureux, où tout le genre humain
　　La flamme et le fer à la main
　　Ne travaille qu'à se défaire,
　　On ne sauroit trop honorer
　　Ceux qui, d'humeur plus débonnaire,
　　Ne cherchent qu'à le réparer.

　　L'hymen, pour repeupler la terre,
Au lieu d'un vain honneur que vous offre la guerre,
　　Vous donnera de vrais plaisirs.
On ne trouvera point votre nom dans l'histoire;
　　Mais vivre au gré de ses désirs
Vaut bien mieux qu'une mort avec un peu de gloire.

　　Ne divertissez point les fonds
Destinés pour la paix de votre mariage;
Encore aurez vous peiné, usant de ce ménage,
　　A payer toutes les façons
　　Que demande un si grand ouvrage.

Pour être heureux époux, soyez toujours amans
　　Que, bien plus que le sacrement,
　　L'amour à jamais vous unisse;
Et, pour faire durer le plaisir entre vous,

Que ce soit l'amant qui jouisse
De tout ce qu'on doit à l'époux.

Pour vivre sans débat dans votre domestique,
  Vous n'avez qu'un moyen unique;
  Et je vais vous le découvrir.
Ne vous entêtez point d'être chez vous le maître :
  Mais, si l'on veut bien le souffrir,
  Contentez-vous de le paroître.

  Quoi qu'on vous vienne débiter,
  Que rien ne vous fasse douter
  Que votre épouse est toujours sage :
  Car, sans cet article de foi,
Qu'on doit croire toujours, et souvent malgré soi,
  Point de salut en mariage.

# SONNET.

Jardin délicieux, que l'art et la nature
S'efforcent d'embellir par un concours égal,
Où cent jets d'eau divers, élançant leur cristal,
Des couleurs de l'Iris retracent la peinture :

Cabinets toujours verts, rustique architecture,
A qui jamais l'hiver ne put faire de mal,
Qui, bordant à l'envi les rives d'un canal,
Répètent dans les eaux leur charmante figure :

Parterres enchantés, lauriers, myrtes, jasmins,
Que Flore prit plaisir de planter de ses mains,
Et qui font l'ornement de la saison nouvelle,

Dans le charmant réduit de tant d'aimables lieux,
Moins faits pour les mortels qu'ils ne sont pour les dieux,
Qu'il est doux à loisir de pousser une selle !

---

# DIVERTISSEMENT

## METTRE EN MUSIQUE.

Une troupe de joueurs, dont douze habillés comme les
figures des cartes, rois, dames, et valets, conduits par
la Fortune.

## MARCHE POUR LES JOUEURS.

### LA FORTUNE.

Je suis fille du Sort, inconstante et légère ;
    Tout fléchit sous ma loi :
De tous les dieux que l'univers révère,
Aucun n'a plus d'autels ni plus de vœux que moi.

    Je donne à mon gré les richesses ;
Tout mortel à me suivre emploie tous ses soins :
    Je comble souvent de caresses
    Ceux qui les attendent le moins.

    Vous, qu'une ardeur fidèle
    Attache à mes pas chaque jour,
    Faites voir ici votre zèle ;
Méritez les faveurs qu'on espère à ma cour.

AIR pour les suivants de la Fortune et pour les cartes.

### LE CHOEUR.

Nous tous, qu'un soin fidèle
Attache à ses pas chaque jour,
Faisons voir ici notre zèle;
Méritons les faveurs qu'on espère à sa cour.

AIRS pour les suivants de la Fortune, et pour les joueurs, travestis en figures de cartes.

## UN JOUEUR, UN AMANT.

### LE JOUEUR.

Vous qui suivez l'Amour, notre joie est commune;
Le jeu seul peut nous rendre heureux.

### L'AMANT.

Infortunés joueurs, qui suivez la Fortune,
L'Amour seul fait qu'un cœur n'est jamais malheureux.

### LE JOUEUR.

Quel plaisir de languir auprès d'une cruelle
Qui vous vend bien cher ses rigueurs ?

### L'AMANT.

Quel plaisir de languir auprès d'une infidèle
Dont on doit craindre les faveurs ?

### LE JOUEUR.

La Fortune et ses biens flattent notre espérance,
Et peuvent combler nos désirs.

### L'AMANT.

L'Amour et ses douceurs auront la préférence;
Même dans ces chagrins on trouve des plaisirs.

LE JOUEUR.

C'est la Fortune qu'il faut suivre;
Tôt ou tard elle rend contents.
L'Amour à mille maux nous livre,
Et ses biens trop tardifs s'attendent trop long-temps.

L'AMANT.

C'est l'Amour qu'il faut suivre;
Tôt ou tard il nous rend contents.

LA FORTUNE.

Votre querelle m'importune;
La Fortune et l'Amour sont unis en ce jour :
Rarement on est bien avec l'Amour,
Quand on est mal avec la Fortune.
(*on recommence l'air des joueurs déguisés.*)

LA FORTUNE.

Vos jeux ont eu pour moi de sensibles appas;
Je reconnoîtrai votre zèle.
Venez, suivez mes pas;
La Fortune vous appelle.

LE CHOEUR.

Allons, suivons ses pas;
La Fortune nous appelle. *

# POUR MADEMOISELLE L.

AIR.

Vainement je cherche quel crime
Rend votre courroux légitime;

---

* Le surplus de ce divertissement ne s'est pas trouvé parmi les papiers de Regnard, après son décès.

L'Amour contre vous me défend
Qu'ai-je dit ? ou qu'ai-je pu faire ?
Mais je ne puis être innocent,
Puisqu'enfin j'ai su vous déplaire.

En vain l'Amour me justifie ;
Je traîne une odieuse vie :
Heureux si je perdois le jour !
Que me sert-il, dans ma tristesse,
D'être si bien avec l'Amour,
Et si mal avec ma maîtresse ?

## POUR LA MÊME.

### SUR SA MALADIE.

Elle est en proie à mille peines ;
Un feu dévorant dans ses veines
Chaque jour vient s'y recéler :
Une fièvre ardente consume
Celle qui ne devroit brûler
Que des feux que l'Amour allume.

## CHANSON

### POUR MESDEMOISELLES LOYSON *, EN 1702.

Pour la Doguine
Qu'un autre se laisse enflammer,

---

* Dans leur société, l'aînée s'appeloit Doguine, la cadette, Tontine

Regnard.                                    11.

Si je n'avois point vu Tontine,
Je pourrois me laisser charmer
        Par la Doguine.

        Ou brune ou blonde,
Tontine charme également;
Et, pour contenter tout le monde,
Elle est alternativement
        Ou brune ou blonde.

        Sur son visage
Mille petits trous pleins d'appas
Des Amours sont le tendre ouvrage,
Sans compter ceux qu'on ne voit pas
        Sur son visage.

        Sa belle bouche
Est pleine de ris et d'attraits;
Elle ne dit rien qui ne touche:
L'Amour a choisi pour palais
        Sa belle bouche.

        Sa gorge ronde
Est de marbre, à ce que je croi;
Car mortel encor dans le monde
N'a vu que des yeux de la foi
        Sa gorge ronde.

        Qu'elle est charmante
Avec les accents de sa voix ! *
Ou quand une corde touchante

---

* Mademoiselle Tontine étoit grande musicienne; ell
chantoit bien; et jouoit du clavecin parfaitement.

Parle tendrement sous ses doigts,
    Qu'elle est charmante !

    De la Doguine
Je veux célébrer les attraits ;
Elle est digne sœur de Tontine :
Ami, verse-moi du vin frais
    Pour la Doguine.

    Qu'elle est aimable,
Quand Bacchus la tient sous ses lois !
Mais, bien qu'elle triomphe à table,
L'Amour ne perd rien de ses droits.
    Qu'elle est aimable !

    Tous, à la ronde,
Vidons ce verre que voilà ;
C'est à cette charmante blonde : *
Peut-être elle nous aimera
    Tous, à la ronde.

# AUTRE COUPLET

## POUR LES DEUX SŒURS, EN 1702.

*Sur l'air de Joconde.*

CHEZ vous, pour vous faire la cour,
    Prince et marquis se range ;
N'y pourrai-je point quelque jour
    Voir le prince d'Orange ?

* L'aînée étoit blonde, la cadette étoit brune.

Le roi, pour finir nos malheurs,
  Met la taxe par tête ;
Mais vous la mettez sur les cœurs ;
  L'impôt est plus honnête.

## CHANSON

FAITE À GRILLON, POUR MESDEMOISELLES LOYSON,
EN 1703.

Pour passer doucement la vie
Avec mes petits revenus,
Ici je fonde une abbaye,
Et je la consacre à Bacchus.

Je veux qu'en ce lieu chaque moine
Qui viendra pour prendre l'habit,
Apporte, pour tout patrimoine,
Grande soif et bon appétit.

Les vœux qu'en ce temple on doit faire
Ne peuvent point nous alarmer :
Long repas et courte prière,
Chanter, dormir, et bien aimer.

Renaud nous chantera matine,
Très courte, de peur d'ennuyer :
Je donne à Duché * la cuisine ;
D'Avaux prendra soin du cellier.

----

* M. Duché, auteur d'Absalon, mort en 1704.

Pour empêcher que les richesses
Ne tentent le cœur de quelqu'un,
L'argent, le vin, et les maîtresses,
Tous les biens seront en commun.

Chacun aura sa pénitente,
Conforme à ses pieux desseins ;
Et, telle qu'une jeune plante,
La cultivera de ses mains.

Si la belle a quelque scrupule,
Le sage directeur pourra
La mener seule en sa cellule,
Lui lever les doutes qu'elle a.

Afin qu'aucun frère n'en sorte,
Et fasse sans peine ses vœux,
Il sera gravé sur la porte :
« Ici l'on fait ce que l'on veut. »

L'Amour, jaloux de la victoire
Que Bacchus remporte en ce jour,
Veut aussi partager sa gloire,
Et fonder un temple à son tour.

Pour abbesse il vous a choisie ; *
La lettre est écrite en vos yeux :
Pour être avec plaisir suivie,
Pouvoit-il jamais choisir mieux ?

Si nous recevons dans la troupe
D'aussi belles sœurs ** désormais,

---

* Mademoiselle Loyson, l'aînée, née à Paris, en 1667, morte en novembre 1717, âgée de cinquante ans.

** Les deux demoiselles Loyson.

Je jure, en vidant cette coupe,
L'ordre ne finira jamais.

Vous, ma sœur *, qui, pleine de zèle,
Parmi nous voulez bien venir,
L'Amour en ce lieu vous appelle;
L'Amour vous y doit retenir.

En regardant ce beau visage,
Qui, comme une fleur, doit passer,
N'en présumez pas davantage;
Songez seulement d'en user.

L'on reçoit ici la licence
De donner tout à ses désirs;
Et l'on n'y fait d'autre abstinence
Que de chagrins et de soupirs.

Aimer, boire, point de contraintes,
Chérir ses frères comme soi:
Voilà nos maximes succinctes,
Nos prophètes, et notre loi.

---

* Mademoiselle Loyson, la cadette, née à Paris, en
1668, morte en mars 1757, âgée de quatre-vingt-dix
ans.

# SATIRE
## CONTRE LES MARIS.

# PRÉFACE.

Quelque chose que je dise contre le mariage, mon dessein n'est pas d'en détourner ceux qui y sont portés par une inclination naturelle, mais seulement de faire voir que les dégoûts et les chagrins, qui en sont presque inséparables, viennent pour l'ordinaire plutôt du côté des maris que de celui des femmes, contre le sentiment de M. Despréaux. J'espère qu'en faveur de la cause que j'entreprends on excusera les défauts qui se trouveront dans cette satire : je me flatte du moins que les dames seront pour moi ; et, à l'abri d'une si illustre protection, je ne crains point les traits de la critique la plus envenimée.

# SATIRE

## CONTRE LES MARIS

———

Non, chère Eudoxe, non, je ne puis plus me taire,
Je veux te détourner d'un hymen téméraire :
D'autres filles, sans toi, vendant leur liberté,
Se chargeront du soin de la postérité ;
D'autres s'embarqueront sans crainte de naufrage :
Mais toi, voyant l'écueil sans quitter le rivage,
Tu n'iras point, esclave asservie à l'amour,
Sous le joug d'un époux t'engager sans retour,
Ni, d'un servile usage approuvant l'injustice,
De tes biens, de ton cœur, lui faire un sacrifice,
Abandonner ton ame à mille soins divers,
Et toi-même à jamais forger tes propres fers.
  Ne t'imagine pas que l'ardeur de médire
Arme aujourd'hui ma main des traits de la satire,
Ni que par un censeur le beau sexe outragé
Ait besoin de mes vers pour en être vengé :
Ce sexe plein d'attraits, sans secours et sans armes,
Peut assez se défendre avec ses propres charmes ;
Et les traits d'un critique affoibli par les ans
Sont tombés de ses mains sans force et languissants.
Mon esprit autrefois, enchanté de ses rimes,
Lui comptoit pour vertus ses satiriques crimes,
Et livroit avec joie à ses nobles fureurs
Un tas infortuné d'insipides auteurs ;

Mais je n'ai pu souffrir qu'une indiscrète veine
Le forçât, vieux athlète, à rentrer dans l'arène,
Et que, laissant en paix tant de mauvais écrits,
Nouveau prédicateur, il vînt, en cheveux gris,
D'un esprit peu chrétien blâmer de chastes flammes,
Et par des vers malins nous faire horreur des femmes.
Si l'hymen après soi traîne tant de dégoûts,
On n'en doit imputer la faute qu'aux époux;
Les femmes sont toujours d'innocentes victimes,
Que des lois d'intérêt, que de fausses maximes
Immolent lâchement à des maris trompeurs:
On ne s'informe plus ni du sang ni des mœurs.

Crispin, roux et Manceau, vient d'épouser Julie:
Il est du genre humain et l'opprobre et la lie;
On trouveroit encore à quelque vieux pilier
Son dernier habit vert pendu chez le fripier;
Par ses concussions fatales à la France
Il a déjà vingt fois affronté la potence:
Mais cent vases d'argent parent ses longs buffets,
Avec peine un milan traverse ses guérets;
Que faut-il davantage? Aujourd'hui la richesse
Ne tient-elle pas lieu de vertu, de noblesse;
Et, pour faire un époux, que voudroit-on de plus
Que dix terres en Beauce, avec cent mille écus?

Regarde Dorilas, cet échappé d'Ésope,
Qu'on ne peut discerner qu'avec un microscope,
Dont le corps de travers, et l'esprit plus mal fait,
D'un Thersite à nos yeux retracent le portrait:
Que t'en semble, dis-moi? penses-tu qu'une fille
Qui n'a vu cet amant qu'à travers une grille,
Et qui, depuis dix ans nourrie à Port-Royal,
A passé du parloir dans le lit nuptial,

Puisse garder long-temps une forte tendresse,
En faveur d'un mari d'une si rare espèce,
Quand la ville et la cour présentent à ses yeux
Des flots d'adorateurs qui la méritoient mieux ?

Mais je veux que du ciel une heureuse influence
Rassemble en ton époux et mérite et naissance :
Infortuné joueur, il perdra tous tes biens,
Qu'un contrat malheureux confond avec les siens.

Entrons dans ce brelan, où s'arrête à la porte
Des laquais mal payés la maligne cohorte :
Vois les cornets en l'air jetés avec transport,
Qu'on veut rendre garants des caprices du sort ;
Vois ces pâles joueurs, qui, pleins d'extravagance,
D'un destin insolent affrontent l'inconstance ;
Et sur trois dés maudits lisent l'arrêt fatal
Qui les condamne enfin d'aller à l'hôpital.
Pénétrons plus avant : vois cette table ronde,
Autel que l'avarice éleva dans le monde,
Où tous ces forcenés semblent avoir fait vœu
De se sacrifier au noir démon du jeu :
Vois-tu sur cette carte un contrat disparoître,
Sur cette autre un château prêt à changer de maître ?
Quel soudain désespoir saisit ce malheureux
Que vient d'assassiner un coupe-gorge affreux ?
Mais fuyons ; sous ses pieds tous les parquets gémissent,
De serments tout nouveaux les plafonds retentissent ;
Et par le sort cruel d'une fatale nuit
Je vois enfin Galet à l'aumône réduit :
Sa femme cependant, de cent frayeurs atteinte,
Boit chez elle à longs traits et le fiel et l'absinthe,
Ou, traînant après soi d'infortunés enfants,
Va chercher un asile auprès de ses parents.

Harpagon est atteint de tout autre folie :
Le ciel l'avantagea d'une femme accomplie ;
Il reçut pour sa dot plus d'écus à la fois
Qu'un balancier n'en peut réformer en six mois.
Sa femme se flattoit de la douce espérance
De voir fleurir chez elle une heureuse abondance.
Elle croyoit au moins que deux ou trois amis
Pourroient soir et matin à sa table être admis :
Mais Harpagon aride, et presque diaphane
Par les jeûnes cruels auxquels il se condamne,
Ne reçoit point d'amis aux dépens de son pain ;
Tout se ressent chez lui des langueurs de la faim ;
Si, pour fournir aux frais d'un habit nécessaire,
Sa femme lui demande une somme légère,
Son visage soudain prend une autre couleur ;
Ses valets sont en butte à sa mauvaise humeur :
L'avarice bientôt, au teint livide et blême,
Sur son coffre de fer va s'asseoir elle-même :
Pour ne le point ouvrir il abonde en raisons ;
Ses hôtes sans payer ont vidé ses maisons,
D'un vent venu du nord la maligne influence
A moissonné ses fruits avec son espérance,
Où de fougueux torrents, inondant ses vallons,
Ont noyé sans pitié l'honneur de ses sillons.
Ainsi, toujours rétif, rien ne fléchit son ame.
Pour avoir un habit, il faudra que sa femme
Attende que la mort, le mettant au cercueil,
Lui fasse enfin porter un salutaire deuil.
    Mais pourquoi, diras-tu, cette injuste querelle ?
Les époux sont-ils faits sur le même modèle ?
Alcipe n'est-il pas exempt de ces défauts
Que tu viens de tracer dans tes piquants tableaux ?

D'accord : il est bien fait, généreux, noble, et sage ;
Mais à se ruiner son propre honneur l'engage.

    Sitôt que la victoire, un laurier à la main,
Appellera Louis sur les rives du Rhin,
Que des zéphyrs nouveaux les fécondes haleines
Feront verdir nos bois, et refleurir nos plaines,
Ses mulets importuns, bizarrement ornés,
Et d'un airain bruyant par-tout environnés,
Sous des tapis brodés, se suivant à la file,
A pas majestueux traverseront la ville ;
Tout le peuple, attentif au bruit de ces mulets,
Verra passer au loin surtout, fourgons, valets,
Chevaux de main fringants, insultants à la terre,
Pompe digne en effet des enfants de la guerre !
Mais, pour donner l'essor à ce noble embarras,
Combien chez le notaire a-t-il fait de contrats !
Les joyaux de sa femme ont été mis en gage ;
D'un somptueux buffet le pompeux étalage,
Que du débris commun il n'a pu garantir,
Rentre chez le marchand d'où l'on l'a vu sortir :
Pour assembler un fonds de deux mille pistoles,
Combien, nouveau Protée, a-t-il joué de rôles !
Combien a-t-il fait voir que le plus fier guerrier
Est bien humble aujourd'hui devant un usurier !
Il part enfin, et mène avec lui l'abondance ;
Tout le camp se ressent de sa noble dépense ;
Des cuisiniers fameux pour lui fournir des mets
Épuisent tous les jours les mers et les forêts.
Que fait sa femme alors ? dans le fond d'un village
Elle va, sans argent, déplorer son veuvage,
Dans ses jardins déserts promener sa douleur,
Et des champs paresseux exciter la lenteur.

On voit, six mois après, tout ce train magnifique,
Réduit à la moitié, revenir foible, étique;
On voit sur les chemins l'équipage en lambeaux,
Des mulets décharnés, des ombres de chevaux,
Qui, dans ce triste état n'osant presque paroître,
S'en vont droit au marché chercher un nouveau maître.
Cependant au printemps il faut recommencer;
Il faut sur nouveaux frais emprunter, dépenser.
Mais nous verrons bientôt une liste cruelle
Du trépas de l'époux apporter la nouvelle;
Et pour payer enfin de tristes créanciers
Il ne laisse après lui qu'un tas de vains lauriers.
    Il est d'autres maris volages, infidèles;
Fatigants, damerets, tyrans nés des ruelles,
Qu'on voit, malgré l'hymen et ses sacrés flambéaux,
S'enrôler chaque jour sous de nouveaux drapeaux,
Qui, d'un cœur plein de feux à leur devoir contraires,
Encensent follement des beautés étrangères;
Le soin toujours pressant de leurs galants exploits
En vingt lieux différents les appelle à la fois.
    Agathon dans Paris court à bride abattue;
Malheur à qui pour lors est à pied dans la rue!
D'un et d'autre côté ses chevaux bondissants
D'un déluge de boue inondent les passants:
Tout fuit aux environs, chacun cherche un asile;
Avec plus de vitesse il traverse la ville
Que ces courriers poudreux que l'on vit des premiers
Du combat de Nervinde apporter les lauriers,
Et qui de la victoire empruntèrent les ailes
Pour en donner au roi les premières nouvelles.
De cet empressement le sujet inconnu,
Quel est-il en effet? eh quoi! l'ignores-tu?

Il va, fade amoureux, de théâtre en théâtre,
Exposer un habit dont il est idolâtre :
Dans le même moment on le retrouve au cours ;
Hors la file, au grand trot, il y fait plusieurs tours ;
Tout hors d'haleine enfin il entre aux Tuileries,
Cherchant par-tout matière à ses galanteries ;
Il reçoit tous les jours mille tendres billets ;
Ses bras sont jusqu'au coude entourés de portraits ;
On voit briller dans l'or des blondes et des brunes,
Qu'il porte pour garants de ses bonnes fortunes ;
Aux yeux de son épouse il en fait vanité ;
Il prétend qu'en dépit des lois de l'équité
Sa femme lui conserve une amour éternelle ;
Tandis qu'il aime ailleurs, et court de belle en belle.
D'autres amours encor... Mais non, d'un tel discours
Il ne m'est pas permis de prolonger le cours ;
Ma plume se refuse à ma timide veine :
Eût-on cru que le Tibre eût coulé dans la Seine,
Et qu'il eût corrompu les mœurs de nos François,
Pour consoler le Rhin de leurs fameux exploits ?

Je voudrois bien, Eudoxe, abrégeant la matière,
Calmer ici ma bile, et finir ma carrière ;
Mais puis-je supprimer le portrait d'un époux
Qui, sans cesse agité de mouvements jaloux,
Et paré des dehors d'une tendresse vaine,
Aime, mais d'un amour qui ressemble à la haine ?

Alidor vient ici s'offrir à mon pinceau :
Il est de sa moitié l'amant et le bourreau ;
Par-tout il la poursuit ; sans cesse il la querelle ;
Il ne peut la quitter ni demeurer près d'elle.
L'erreur au double front, le dévorant ennui,
Les funestes soupçons, volent autour de lui ;

Un geste indifférent, un regard sans étude,
Va de son cœur jaloux aigrir l'inquiétude :
Sans cesse il se consume en projets superflus ;
Il voit, il entend tout, il en croit encor plus ;
Il est, malgré ses soins et ses constantes veilles,
Aveugle avec cent yeux, sourd avec cent oreilles :
Chaque objet de son cœur vient arracher la paix ;
Marbres, bronzes, tableaux, portiers, cochers, laquais
Ceux même qu'aux déserts de l'ardente Guinée
Le soleil a couverts d'une peau basanée,
Tout lui paroît amant fatal à son honneur ;
Il craint des héritiers de plus d'une couleur :
Qu'un folâtre zéphyr avec trop de licence
Des cheveux de sa femme ait détruit l'ordonnance,
Sa main s'arme aussitôt du fer et du poison ;
D'un prétendu rival il veut tirer raison :
Si la crainte des lois suspend sa frénésie,
Pour l'immoler cent fois il lui laisse la vie ;
Dans quelque affreux château, retraite des hiboux,
Dont quelque jour peut-être il deviendra jaloux,
Il la traîne en exil comme une criminelle ;
Et pour la tourmenter il s'enferme avec elle.
Dans ce sauvage lieu des vivants ignoré,
D'un fossé large et creux doublement entouré,
Cette triste victime, affligée, éperdue,
Sur les funestes bords croit être descendue,
Lorsque la Parque enfin, répondant à ses vœux,
Vient terminer le cours de ses jours malheureux.
   Nomme-moi, si tu peux, quelque mari sans vice,
Ma muse est toute prête à lui rendre justice.
Sera-ce Licidas qui met avec éclat,
Sa femme en un couvent par arrêt du sénat,

Et que trois mois après, devenu doux et sage,
Célèbre en un parloir un second mariage ?
Sera-ce Lisimon qui, toujours entêté,
Convoque avec grand bruit toute la faculté,
Et sur son sort douteux consultant Hippocrate
Sait qu'aux yeux du public son déshonneur éclate ?
Quel champ, si je parlois d'un époux furieux,
Qui, profanant sans cesse un chef-d'œuvre des dieux,
Ose, dans les transports de sa rage cruelle,
Porter sur son épouse une main criminelle !
    Mais je te veux encore ébaucher un tableau.
Remontons sur la scène et tirons ce rideau.
Dieux ! que vois-je ? en dépit d'une épaisse fumée,
Que répand dans les airs mainte pipe enflammée,
Parmi des flots de vin en tous lieux répandu,
J'aperçois Trasimon sur le ventre étendu,
Qui, tout pâle et défait, rejette sous la table
Les débris odieux d'un repas qui l'accable ;
Il fait pour se lever des efforts violents ;
La terre se dérobe à ses pas chancelants ;
De mortelles vapeurs sa tête encore pleine
Sous de honteux débris de nouveau le rentraîne ;
Il retombe ; et bientôt l'aurore en ce réduit
Viendra nous découvrir les excès de la nuit ;
Bientôt avec le jour nous allons voir paroître
Quatre insolents laquais aussi soûls que leur maître,
Qui, charmés dans leur cœur de ce honteux fracas,
Près de sa femme au lit le portent sous les bras.
Quel charme, quel plaisir pour cette triste femme
De se voir le témoin de ce spectacle infâme,
De sentir des vapeurs de vin et de tabac
Qu'exhale à ses côtés un perfide estomac !

12

Tu frémis : toutefois, dans le siècle où nous sommes,
Chère Eudoxe, voilà comme sont faits les hommes.

Quel mérite après tout, quels titres souverains
Rendent donc les maris et si fiers et si vains ?
Osent-ils se flatter qu'un contrat authentique
Leur donne sur les cœurs un pouvoir tyrannique ?
Pensent-ils que, brutaux, peu complaisants, fâcheux,
Avares, négligés, débauchés, ombrageux,
Parés du nom d'époux, ils seront sûrs de plaire,
Au mépris d'un amant soumis, tendre, sincère,
Complaisant, libéral, qui se fait nuit et jour
Un soin toujours nouveau de prouver son amour ?
Non, non, c'est se flatter d'une erreur condamnable ;
Et pour se faire aimer, il faut se rendre aimable.

Après tous ces portraits, bien ou mal ébauchés,
Et tant d'autres encor que je n'ai pas touchés,
Iras-tu, me traitant d'ennuyeux pédagogue,
Des martyrs de l'hymen grossir le catalogue ?
Non ; dans un plein repos arrête ton destin :
C'est le premier des biens de vivre sans chagrin.
Si dans des vers piquants Juvénal en furie
A fait passer pour fou celui qui se marie,
D'un esprit plus sensé concluons aujourd'hui
Que celle qui l'épouse est plus folle que lui.

# LE TOMBEAU

## DE M. B... D...

### SATIRE.

QUELLE sombre tristesse attaque tes esprits !
Le chagrin sur ton front est gravé par replis !
Qu'as-tu fait de ce teint où la jeunesse brille ?
Je te vois plus rêveur qu'un enfant de famille,
Qui, courant vainement, cherche depuis un mois
Quelque honnête usurier qui prête au denier trois ;
Ou qu'un auteur tremblant qui voit lever les lustres
Pour éclairer bientôt ses sottises illustres,
Quand le parterre en main tient le sifflet tout prêt,
Et lui va sans appel prononcer son arrêt.
    Ma douleur, cher ami, paroît avec justice,
Et n'est point en ce jour un effet du caprice.
Le pompeux attirail d'un funeste convoi
Vient de saisir mon cœur de douleur et d'effroi.
Mes yeux ont vu passer dans la place prochaine
Des menins de la mort une bande inhumaine ;
De pédants mal peignés un bataillon crotté
Descendoit à pas lents de l'université ;
Leurs longs manteaux de deuil traînoient jusques à terre ;
A leurs crêpes flottants les vents faisoient la guerre ;
Et chacun à la main avoit pris pour flambeau
Un laurier jadis vert pour orner un tombeau.
J'ai vu parmi les rangs, malgré la foule extrême
De maint auteur dolent la face sèche et blême :

Deux Grecs et deux Latins escortoient le cercueil,
Et, le mouchoir en main, Barbin menoit le deuil.
Pour qui crois-tu que marche une telle ordonnance,
Ce lugubre appareil, cette noire affluence?
D'un poëte défunt plains le funeste sort:
L'université pleure, et D. . . . est mort.
Il est mort. C'en est fait; sa satire nouvelle,
Enfant infortuné d'une plume infidèle,
Dont la ville et la cour ont fait si peu de cas,
L'avoit déjà conduit aux portes du trépas,
Quand les cruels effets d'une jalouse rage
L'ont fait enfin partir pour ce dernier voyage.
Il croyoit qu'Hippocrène et son plus pur cristal
Ne devoient que pour lui couler à plein canal;
Mais apprenant qu'un autre, animé par la gloire,
Avoit heureusement dans sa source osé boire,
Il frémit, et, percé du plus cruel dépit,
Par l'ordre d'Apollon il va se mettre au lit.
Tu ris! De tous les maux déchaînés sur la terre
Pour livrer aux auteurs une cruelle guerre,
Sais-tu bien que l'envie est le plus dangereux?
Ils n'ont point d'antidote à ce poison affreux:
Un poëte aisément, aidé par la nature,
Souffre la faim, la soif, le soleil, la froidure,
Porte sans murmurer dix ans le même habit,
N'a que les quatre murs, l'hiver, pour tour de lit;
D'un grand qui le nourrit il souffre les saccades,
Son dos même endurci se fait aux bastonnades:
Mais voit-il sur les rangs quelqu'un se présenter
Et cueillir les lauriers qu'il croit seul mériter;
Au bon goût à venir soudain il en appelle;
Au siècle perverti sa muse fait querelle;

A chaque coin de rue il crie, O temps! ó mœurs!
Le poison cependant augmente ses ardeurs;
Et les dépits cruels, les noires jalousies,
Font à la fin l'effet de vingt apoplexies.
Ainsi finit ses jours le classique héros
Dont un triste cercueil garde à présent les os;
Mais, se sentant voisin de l'infernale rive,
Et tout près d'exhaler son ame fugitive,
Il demanda par grace et d'une foible voix
D'embrasser ses enfants pour la dernière fois.
Deux valets aussitôt, ses dignes secrétaires,
Apportent près de lui des milliers d'exemplaires;
Le lit par trop chargé gémit sous les paquets;
Et l'auteur moribond dit ces mots par hoquets:
« O vous, mes tristes vers, noble objet de l'envie,
Vous dont j'attends l'honneur d'une seconde vie;
Puissiez-vous échapper au naufrage des ans,
Et braver à jamais l'ignorance et le temps!
Je ne vous verrai plus; déjà la mort hideuse
Autour de mon chevet étend une aile affreuse:
Mais je meurs sans regret dans un temps dépravé
Où le mauvais goût règne et va le front levé;
Où le public ingrat, infidèle, perfide,
Trouve ma veine usée et mon style insipide.
Moi qui me crus jadis à Regnier préféré,
Que diront nos neveux? R... m'est comparé,
Lui qui pendant dix ans, du couchant à l'aurore,
Erra chez le Lapon, ou rama sous le Maure,
Lui qui ne sut jamais ni le grec ni l'hébreu;
Qui joua jour et nuit, fit grand'chère et bon feu!
Est-ce ainsi qu'autrefois, dans ma noire soupente,
A la sombre lueur d'une lampe puante,

Feuilletant les replis de cent bouquins divers,
J'appris, pour mes péchés, l'art de forger des vers?
N'est-ce donc qu'en buvant que l'on imite Horace?
Par des sentiers de fleurs monte-t-on au Parnasse?
Et R..... cependant voit éclater ses traits,
Quand mes derniers écrits sont en proie aux laquais!
O rage! ô désespoir! ô vieillesse ennemie!
Après tant de travaux, sur la fin de ma vie,
Par un nouvel athlète on me verra vaincu!
Et je vis! Non, je meurs; j'ai déjà trop vécu. »
A ces mots bégayés, que la fureur inspire,
B....ferme les yeux, penche la tête, expire;
Le bruit de cette mort dans le pays latin
Se répand aussitôt, et vole chez Barbin.
Là, dans l'enfoncement d'une arrière-boutique,
Sa femme étale en vain un embonpoint antique,
Et, faisant le débit de cent livres mauvais,
Amuse un cercle entier des oisifs du palais;
Là, le vieux nouvelliste a toujours ses séances;
Là, le jeune avocat vient prendre ses licences;
Et le blond sénateur, en quittant le barreau,
Vient peigner sa perruque et prendre son chapeau;
C'est là que le chanoine, au sortir du service,
Vient en aumusse encore achever son office,
Et qu'on voit à midi maint auteur demi-nu
Sur le projet d'un livre emprunter un écu.
Dans ce lycée enfin cette mort imprévue
Fut par les assistants diversement reçue;
Acaste en soupira, le libraire en frémit;
Crispe en eut l'œil humide, et Perrault en sourit.
Pendant qu'on doute encor de la triste nouvelle,
Ariste arrive en pleurs, et, sur une escabelle,

Au milieu du perron se plaçant tristement,
Lut au cercle en ces mots l'extrait du testament :
« En l'honneur d'Apollon à jamais je souhaite
Aux yeux de l'univers vivre et mourir poëte ;
J'en eus toute ma vie et l'air et le maintien :
Mais désirant mourir en poëte chrétien,
Je déclare en public que je veux que l'on rende
Ce qu'à bon droit sur moi Juvénal redemande :
Quand mon livre en seroit réduit à dix feuillets,
Je veux restituer les larcins que j'ai faits ;
Si de ces vols honteux l'audace étoit punie,
Une rame à la main j'aurois fini ma vie.
Las d'être un simple auteur entêté du latin,
Pour imposer aux sots je traduisis Longin ;
Mais j'avoue en mourant que je l'ai mis en masque,
Et que j'entends le grec aussi peu que le basque.
Sur-tout, de noirs remords mon esprit agité
Fait amende honorable au beau sexe irrité :
Au milieu des pédants pourri toute ma vie,
J'ignorois le beau monde et la galanterie ;
Et le cœur d'une Iris pleine de mille attraits
Est une terre australe où je n'allai jamais.
Je laisse à mon valet de quoi lever boutique
Des restes méprisés d'une ode pindarique
Qu'on vit dans sa naissance expirer dans Paris
On le verroit bientôt rouler en cheveux gris
Si le langage obscur employé dans cette ode
Pouvoit un jour enfin devenir à la mode.
Item..... » Mais à ce mot chez l'horloger Le Roux
La pendule se meut, sonne, et frappe dix coups.
Alidor aussitôt, rempli d'impatience,
D'un délai criminel accuse l'assistance,

Fait voir que le temps presse, et qu'il faut en grand deu
Dans une heure au plus tard escorter le cercueil.
Il dit; et dans l'instant on vit la compagnie
Se lever brusquement pour la cérémonie.
L'un court chez un ami, l'autre chez un fripier,
Endosser l'attirail d'un nouvel héritier;
Perrin, d'un vieux bahut où pend une serrure,
Tira son justaucorps fait au deuil de Voiture,
Dont le coude entr'ouvert reçut plus d'un échec;
Et d'un crêpe reteint orna son caudebec:
Pradon, le seul Pradon, eut assez de courage
D'entrer chez un drapier, et d'un humble langage,
Pour quatre aunes de drap estimé vingt écus,
Proposer un billet signé Germanicus.
Enfin, midi sonnant, cette lugubre escorte
S'est saisie aujourd'hui du défunt sur sa porte;
Et, promenant ses os de quartier en quartier,
Le conduit au Parnasse à son gîte dernier:
C'est là qu'on va porter ses funèbres reliques
Dans la cave marquée aux auteurs satiriques;
Là, sur un marbre offert aux yeux de l'univers,
En caractères d'or on gravera ces vers:

« Ci gît maître B.... qui vécut de médire,
Et qui mourut aussi par un trait de satire;
Le coup dont il frappa lui fut enfin rendu.
Si par malheur un jour son livre étoit perdu,
A le chercher bien loin, passant, ne t'embarrasse,
Tu le retrouveras tout entier dans Horace. »

# TABLE

# DES MATIÈRES.

FIN DE LA TABLE DU QUATRIÈME VOLUME.

LIMOGES et ISLE,
Imp. MARTIAL ARDANT FRÈRES.

www.ingramcontent.com/pod-product-compliance
Lightning Source LLC
Chambersburg PA
CBHW071943090426
42740CB00011B/1797